中等职业教育改革创新示范教材
职业院校汽车车身修复专业实训教材

Qiche Penqi Changjian Weixiu Xiangmu Shixun Jiaocai

汽车喷漆常见维修项目实训教材

(第二版)

中国汽车维修行业协会　组织编写
葛建峰　主　编
胡　蕾　严　涛　副主编

内 容 提 要

本书为中等职业教育改革创新示范教材,共九个项目,内容包括:防护用品的穿戴、底材处理、原子灰的施工、喷枪的清洗与维护、中涂底漆的施工、面漆的施工、板块内过渡的喷涂方法、颜色的微调、补漆实例——后保险杠漆面修复。

本书可作为中等职业学校及技工院校汽车车身修复专业的教材,也可供相关从业人员参考阅读。

图书在版编目(CIP)数据

汽车喷漆常见维修项目实训教材 / 葛建峰主编. —2版. —北京:人民交通出版社股份有限公司,2016.12
职业院校汽车车身修复专业实训教材
ISBN 978-7-114-13422-7

Ⅰ.①汽… Ⅱ.①葛… Ⅲ.①汽车—喷漆—职业教育—教材 Ⅳ.①U472.44

中国版本图书馆 CIP 数据核字(2016)第 261676 号

书 名:	汽车喷漆常见维修项目实训教材(第二版)
著 作 者:	葛建峰
责任编辑:	刘 洋
出版发行:	人民交通出版社股份有限公司
地 址:	(100011)北京市朝阳区安定门外外馆斜街3号
网 址:	http://www.ccpress.com.cn
销售电话:	(010)59757973
总 经 销:	人民交通出版社股份有限公司发行部
经 销:	各地新华书店
印 刷:	北京市密东印刷有限公司
开 本:	787×1092 1/16
印 张:	11.75
字 数:	255 千
版 次:	2011 年 9 月 第 1 版 2016 年 12 月 第 2 版
印 次:	2022 年 7 月 第 2 版 第 4 次印刷 累计第 10 次印刷
书 号:	ISBN 978-7-114-13422-7
定 价:	40.00 元

(有印刷、装订质量问题的图书由本公司负责调换)

  随着汽车工业的飞速发展,特别是电控技术在汽车上的广泛应用,对汽车维修技术的要求越来越高,掌握现代维修技术的技能型人才十分短缺。因此,教育部、原交通部等六部委启动的"实施职业院校制造业和现代服务业技能型紧缺人才培养培训工程"将"汽车运用与维修"列为第一批的四个专业领域之一,但由于传统的实训课程内容和模式已不能完全适应汽车维修企业的实际需要,所以,探索汽车维修实训课程教学内容和教学模式成为汽车维修职业教育改革的重点内容。

  选择哪些作业项目作为实训课的教学内容?采用什么教学方法作为实训课的教学模式?这是汽车维修教学中最重要的问题。

  汽车维修职业教育的培养定位,是为汽车维修企业培养能够实现零距离上岗就业的一线技术工人。因此,实训课最重要的就是解决"教什么"和"怎么教"的问题。本套实训教材正是为深入贯彻落实教育部办公厅、原交通部办公厅、中国汽车维修行业协会和中国汽车工业协会《关于确定职业院校开展汽车运用与维修专业领域技能型紧缺人才培养培训工作的通知》(教职成厅〔2003〕6号)的精神,紧扣"培养培训指导方案"的要求,来探讨实用汽车维修作业项目实训课实车工艺化教学方法,在教学内容上大量采用的是源自汽车维修一线的实用作业项目及汽车维修常用工量具、设备使用知识,教学方法则采用在实车上按照实训课工艺化教学要求来完成的教学模式,使每个作业项目直接针对实际的整车来完成,增加了实景实车教学的现场感,增强了学生对实车修理过程的真实感。

  我希望这种汽车维修职业教学实训课程开发的新思路和新理念能够使汽车维修职业学校的学生更快地融入汽车维修企业的生产实践中,实现零距离上岗就业,为广大的汽车维修企业提供高素质、掌握现代汽车维修技术的技能型人才。

康文仲

为了深入贯彻落实教育部办公厅、交通部办公厅、中国汽车维修行业协会和中国汽车工业协会《关于确定职业院校开展汽车运用与维修专业领域技能型紧缺人才培养培训工作的通知》的精神，在中国汽车维修行业协会的牵头下，组织了王凯明、朱军等一批业内知名专家，以及德州交通职业中等专业学校和宁波市鄞州职业高级中学的老师，于2009年推出了"职业院校汽车运用与维修专业实训教材"4本，2011年推出了"职业院校汽车车身修复专业实训教材"2本，共6本实训教材。这套教材解决了职业院校实训课"教什么"和"怎么教"的问题，出版以来，反馈良好，已数次重印。

近年来，汽车行业飞速发展，职教改革不断深入，对汽车专业的教学提出了新的要求，因此，在中国汽车维修行业协会的牵头下，2015年下半年启动了这6本实训教材的修订工作。本次修订参考了《中等职业学校专业教学标准（试行）》中汽车车身修复专业（专业代码082600）教学标准，增加了一些新内容，剔除了一些旧内容，对章节结构进一步梳理、重新调整，使内容更加贴近教学要求，旨在为新形势下的汽车职业教育提供更好的服务。

《汽车喷漆常见维修项目实训教材》是其中一本，本书第一版于2012年11月12日被教育部遴选为首批中等职业教育改革创新示范教材。此次修订进一步规范了汽车修补漆的标准工艺，增加了水性漆的施工工艺及调色工艺两个实训内容，从而使教材内容更加完善。

本书由宁波市鄞州职业高级中学葛建峰老师担任主编，由宁波市鄞州职业高级中学胡蕾老师、严涛老师担任副主编。

限于编者的经历和水平，书中难免有不妥或错误之处，敬请广大读者批评指正，提出修改意见和建议，以便再版修订时改正。

职业院校汽车车身修复专业实训教材编写委员会
2016年9月

目录

项目一　防护用品的穿戴
一、项目说明 …………………………… 1
二、技术标准与要求 …………………… 4
三、实训时间 …………………………… 4
四、实训教学目标 ……………………… 5
五、实训器材 …………………………… 5
六、教学组织 …………………………… 5
七、操作步骤 …………………………… 5
八、考核标准 …………………………… 17

项目二　底材处理
一、项目说明 …………………………… 19
二、技术标准与要求 …………………… 21
三、实训时间 …………………………… 22
四、实训教学目标 ……………………… 22
五、实训器材 …………………………… 22
六、教学组织 …………………………… 22
七、操作步骤 …………………………… 23
八、考核标准 …………………………… 31

项目三　原子灰的施工
一、项目说明 …………………………… 33
二、技术标准与要求 …………………… 39
三、实训时间 …………………………… 39
四、实训教学目标 ……………………… 39
五、实训器材 …………………………… 39
六、教学组织 …………………………… 40
七、操作步骤 …………………………… 40

八、考核标准 …………………………… 55

项目四　喷枪的清洗与维护
一、项目说明 …………………………… 56
二、技术标准与要求 …………………… 59
三、实训时间 …………………………… 59
四、实训教学目标 ……………………… 59
五、实训器材 …………………………… 59
六、教学组织 …………………………… 59
七、操作步骤 …………………………… 60
八、考核标准 …………………………… 67

项目五　中涂底漆的施工
一、项目说明 …………………………… 69
二、技术标准与要求 …………………… 71
三、实训时间 …………………………… 71
四、实训教学目标 ……………………… 71
五、实训器材 …………………………… 71
六、教学组织 …………………………… 72
七、操作步骤 …………………………… 72
八、考核标准 …………………………… 100

项目六　面漆的施工
一、项目说明 …………………………… 104
二、技术标准与要求 …………………… 106
三、实训时间 …………………………… 106
四、实训教学目标 ……………………… 106
五、实训器材 …………………………… 107
六、教学组织 …………………………… 107

七、操作步骤 …………………… 107
八、考核标准 …………………… 124

项目七　板块内过渡的喷涂方法
一、项目说明 …………………… 126
二、技术标准与要求 …………… 127
三、实训时间 …………………… 127
四、实训教学目标 ……………… 127
五、实训器材 …………………… 127
六、教学组织 …………………… 128
七、操作步骤 …………………… 128
八、考核标准 …………………… 142

项目八　颜色的微调
一、项目说明 …………………… 144

二、技术标准与要求 …………… 150
三、实训时间 …………………… 150
四、实训教学目标 ……………… 151
五、实训器材 …………………… 151
六、教学组织 …………………… 151
七、操作步骤 …………………… 151
八、考核标准 …………………… 163

项目九　补漆实例——后保险杠漆面修复
一、项目说明 …………………… 164
二、技术标准与要求 …………… 164
三、实训时间 …………………… 165
四、实训器材 …………………… 165
五、操作步骤 …………………… 166

项目一　防护用品的穿戴

一、项目说明

1. 概述

汽车涂装施工操作中的安全生产和个人防护是避免发生火灾、伤亡事故、职业病，保障员工身体健康的一个重要措施。而且涂料中的稀释剂都是易燃品，都易挥发且有一定的毒性，施工过程中还会产生大量的飞漆和粉尘，若不严格遵守安全操作规程和安全施工方法，极易发生生产事故。所以，涂装工在每一个操作步骤中都要以安全和健康为前提，始终牢记工作中采取安全防护措施的成本，永远都比丧失或部分丧失劳动能力的损失低得多。

2. 非专业操作所引起的潜在健康危害

油漆中的颜料可能含有铅、铬、镉等重金属。其中铅会破坏人体的神经系统、血液

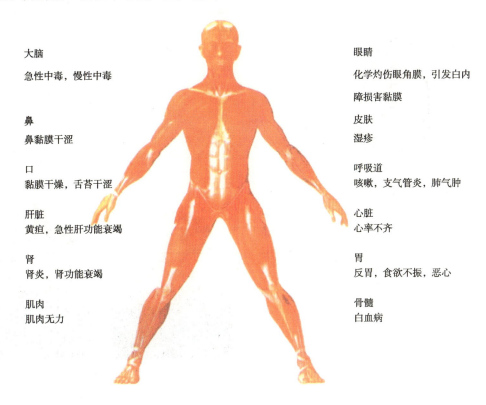

大脑
急性中毒，慢性中毒

鼻
鼻黏膜干涩

口
黏膜干燥，舌苔干涩

肝脏
黄疸，急性肝功能衰竭

肾
肾炎，肾功能衰竭

肌肉
肌肉无力

眼睛
化学灼伤眼角膜，引发白内障损害黏膜

皮肤
湿疹

呼吸道
咳嗽，支气管炎，肺气肿

心脏
心率不齐

胃
反胃，食欲不振，恶心

骨髓
白血病

系统、肾脏系统及生殖系统,铬会破坏人体的呼吸道、消化道及皮肤溃伤,镉会破坏人体的呼吸道和肾脏系统。

溶剂和稀释剂中含有的甲苯、二甲苯会破坏中枢神经、皮肤及肝脏。

固化剂的主要成分是异氰酸酯,它会刺激皮肤、黏膜,引起呼吸器官障碍。

打磨过程中产生的粉尘及喷涂过程中的飞漆会根据大小,沉淀在支气管或者细支气管中从而破坏呼吸道、肺。

未在有效的防护下从事涂装作业,虽然短期内无法察觉身体的损害,然而在15年或20年后,就会出现无法挽回的疾病。

3. 涂装作业防护用品的介绍

通常在涂装作业中所产生的有害物质通过呼吸系统、眼睛、皮肤三个重要通道对身体造成严重的伤害。所以,在工作过程中要使用专业的防护用品对这些部位进行有效的隔离。

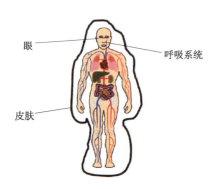

(1)眼部防护。护目镜,又称防护眼镜,它能防止各种液态涂料漆飞溅及打磨产生的粉尘对眼睛的伤害。严格地讲不能用普通眼镜代替防护眼镜,相较普通的眼镜,防护眼镜的镜片更大,能更有效的贴合脸颊,且包裹性好,能从多个角度防止涂料溅入、灰尘飞入眼睛,且带有一定的抗冲击性。

(2)呼吸系统防护。防尘面具(口罩)能保护肺免受打磨产生的固体微粒的伤害。根据需要采用P1、P2、P3级微尘过滤器。根据佩戴方式的不同,作业中常用的防尘面具有耳带式和头带式两种。

防毒面罩是一种过滤式防护用品,是利用面罩主体与人面部紧密结合使佩戴者呼吸系统与周围有害气体隔离。在涂漆作业中,可防止溶剂挥发气体和飞漆通过呼吸进入身体,即便是在装备精良的喷漆房或者只是短时间接触有害气体,也要佩戴呼吸防护装置。作业中常见的防毒面罩有两种:一种是过滤式防毒口罩,另一种是供气式防毒面罩。短时间接触有害气体,可使用过滤式防毒口罩。如长时间接触有害气体时,需使用供气式防毒面罩。

活性炭过滤式防毒口罩   **供气式防毒全面罩**

项目一　防护用品的穿戴

供气式防毒半面罩

（3）皮肤防护。涂装作业中所使用的防护手套有棉纱手套和抗溶剂手套两种。当在打磨或搬运板件时棉纱手套可保护手部免受划伤、割伤。在喷漆、刮涂原子灰、清洗喷枪时抗溶剂手套可防止溶剂或异氰酸酯直接接触皮肤而进入到身体的血液当中。为安全起见，作业中凡是与液态涂料接触时，必须戴上抗溶剂手套。常见的抗溶剂手套有厚款和薄款两种，一般短时间接触溶剂时选用薄款，如除油、调漆、喷漆等；长时间接触溶剂时选用厚款，如手工清洗喷枪作业时。

（4）工作服。工作服可防止化学物品、溶剂、粉尘与身体直接接触。因此在任何作业中都必须穿工作服，注意在喷漆时应穿防静电喷漆服。

（5）脚部防护。安全鞋是安全类鞋和防护类鞋的统称，相较普通的鞋，其有防穿刺、鞋头部防砸、防压、鞋底绝缘性好、耐溶剂、耐滑性好等特点。作为一个汽车涂装工人，一旦进入作业区内，都必须穿着安全鞋。

4. 涂装各作业过程中防护用品的穿戴

（1）打磨作业：棉纱手套、防尘口罩、防护眼镜、工作帽、安全鞋、工作服。

3

(2)喷漆、调漆作业：抗溶剂手套、防毒口罩、防护眼镜、安全鞋、防静电连体喷漆服。

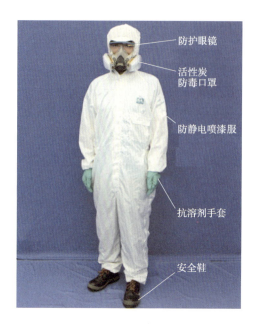

(3)除油、刮灰作业：抗溶剂手套、防毒口罩、防护眼镜、工作帽、安全鞋、连体工作服。

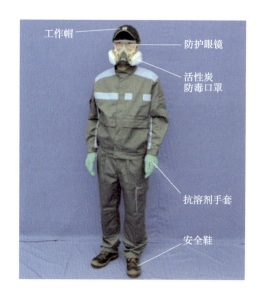

5.油漆实训车间安全注意事项

(1)实训工作场地和库房严禁烟火，操作者应熟悉灭火器材的位置和使用方法。

(2)要保持工作环境的卫生与通风，必须安设抽风罩和废漆处理装置，操作时必须戴防护用品。

(3)在油漆作业场所10m以内，不准进行电焊、切割等明火作业。

(4)实操用的工件，应放置稳固，摆放整齐。

(5)带电设备和配电箱周围1m以内，不准喷漆作业。

(6)当涂料或稀料不慎与皮肤接触时，应使用专用清洁液清洗，禁止用汽油和稀料洗手。

(7)调和油漆、原子灰、硝基漆、乙烯剂等化学配料和汽油易燃物品，应分开存放，密封保存。

(8)溶剂和油漆应放置储备室阴凉的地方。

(9)空气压缩机要有人专管，开机时应遵守空气压缩机安全操作规程，并经常检查、加油，不准超压使用。工作完毕，应将储气罐内的水放尽，断开电源。

(10)课后清扫工作场地，存好工具，废弃物应放到指定地方。

二、技术标准与要求

1.防护用品穿戴方法正确；
2.各种作业下防护用品选择正确；
3.使用前应检查防护用品是否完好；
4.防毒口罩的活性炭过滤器应密封保存。

三、实训时间

实训时间：40min。

项目一　防护用品的穿戴

四、实训教学目标

1. 了解油漆的危害；
2. 了解各个防护用品的作用；
3. 掌握各种防护用品正确的佩戴方法；
4. 在各种作业中能正确选择防护用品。

五、实训器材

棉纱手套　　　抗溶剂手套（薄）

抗溶剂手套（厚）　　　防尘口罩

防毒口罩　　　防护眼镜

工作帽

六、教学组织

1. 教学组织形式

实训教师1名，学生16名，8个工位。每个工位2名学生实训，一位学生操作、另一位学生观察、记录。

2. 学生站位分工和要求

学生按规定的工位站立，按教师的指令进行独立的操作。

3. 实训教师职责

安排学生工位，讲解操作步骤和注意事项，下达"操作开始"口令，工位巡视（检查、指导和纠正错误）。

4. 学生职责

认真完成教师布置的任务；做好课后清洁、整理工作。

七、操作步骤

操作前准备

参训学生穿好实训服、安全鞋，将实训用品整齐的摆放在操作台上并以跨立的姿势等待老师下达"操作口令"。

提示

上实训课必须课前穿好实训服及安全鞋，做好操作前准备，有利于安全操作和提高工作效率。

步骤一 戴防尘口罩

1 将防尘口罩从袋子中取出。

2 检查防尘口罩头带、颈带。

提示

每次使用前需检查头带、颈带弹性是否正常,有无断裂。如损坏不可再用,需更换。

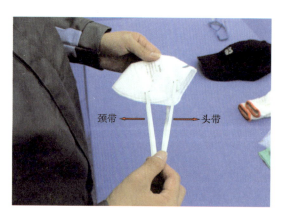

3 检查防尘口罩金属鼻夹及面罩主体。

提示

使用前检查,金属鼻夹是否断裂,口罩表面是否破损。如损坏不可再用,需更换。

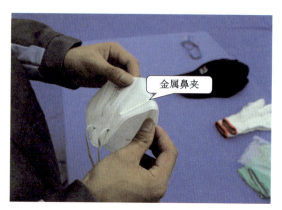

4 戴防尘口罩过程(1)。

提示

将防尘口罩有金属鼻夹的一方打开成一定角度。

5 戴防尘口罩过程(2)。

提示

面向防尘口罩无金属鼻夹的一面,使金属鼻夹位于口罩上方。

项目一　防护用品的穿戴

6　戴防尘口罩过程(3)。

> 提示
> 一只手将口罩抵住下巴,另一只手将下方颈带拉过头顶,置于颈后耳朵下方。

7　戴防尘口罩过程(4)。

> 提示
> 一只手将口罩抵住下巴,另一只手将头带置于颈后耳朵上方。

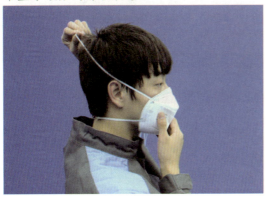

8　戴防尘口罩过程(5)。

> 提示
> 将双手手指置于金属鼻夹中间部位,从中心向两侧按照鼻梁形状向内按压,直至将其完全按压成鼻梁形状为止。

9　检查口罩与脸部的密封性。

> 提示
> 用双手罩住口罩,避免影响口罩在脸上的位置。大力呼气,如空气从鼻夹处溢出,重新调整鼻夹;如空气从口罩边缘溢出,应重新调整头带;直至没有空气溢出为止。

10　戴防尘口罩完毕。

> 提示
> 戴防尘口罩完毕后,以跨立的姿势等

7

待指导老师检查及下达下一步"操作口令"。

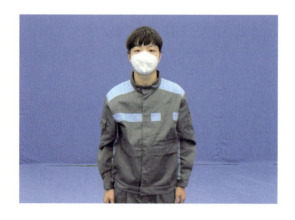

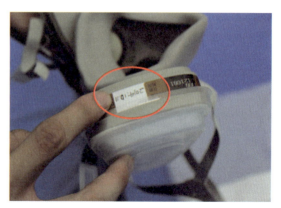

步骤二　戴活性炭防毒口罩

1　取活性炭防毒口罩。

> 🟢 **提示**
>
> 活性炭防毒口罩的两个活性炭过滤盒需密封保存,可延长其使用寿命。

3　检查面罩主体。

> 🟢 **提示**
>
> 使用前,检查乳胶面罩是否有破损、老化现象,如有需更换。

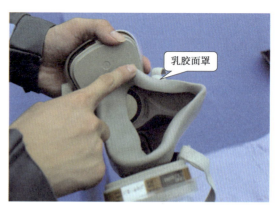

2　检查两个活性炭过滤盒及滤棉。

> 🟢 **提示**
>
> （1）使用前,需检查活性炭过滤盒的使用时间。按产品厂家使用说明得知,活性炭过滤盒的使用寿命为2周,建议使用15天后更换新的活性炭过滤盒。
>
> （2）滤棉应安装正确,无破损。

4　检查面罩上的吸气阀、呼气阀。

> 🟢 **提示**
>
> 使用前,检查2个吸气阀、呼气阀是否

8

老化、破损,如老化、破损需更换。

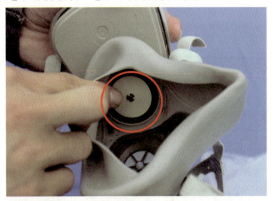

5 检查头带框套、颈带。

> **提示**
>
> 使用前,检查头带框套、颈带弹性是否良好,如老化,需更换。

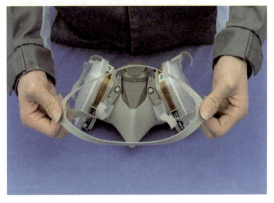

6 戴防毒口罩过程(1)。

> **提示**
>
> 将防毒口罩在胸前展开,双手持两根颈带。

7 戴防毒口罩过程(2)。

> **提示**
>
> 用双手将颈带拉向颈后,然后扣住。

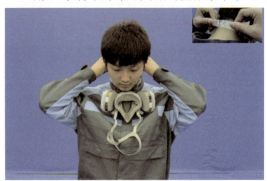

8 戴防毒口罩过程(3)。

> **提示**
>
> 一只手将面具盖住口鼻,另一只手持头带框套。

9 戴防毒口罩过程(4)。

> **提示**
>
> 将头带框套拉至头顶。

10 戴防毒口罩过程(5)。

⚠️ **提示**

将防毒口罩沿鼻梁往下调整,不阻挡视线并保持最佳密闭性。

11 戴防毒口罩过程(6)。

⚠️ **提示**

调整面具至与脸部最舒适程度,不要拉得过紧。如过紧,可向外推塑料片将头带放松。

12 戴防毒口罩过程(7)。

⚠️ **提示**

调整面具至与脸部最舒适程度,不要拉得过紧。如过紧,可向外推塑料片将头带放松。

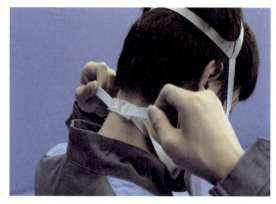

13 做密封性测试。

⚠️ **提示**

如戴的防毒口罩不能达到适合的密封性请勿进入污染区域。

正压测试,手掌盖住呼气阀并向外慢慢呼气;面具应向外慢慢膨胀,如空气从面部与面具间泄漏,应调整面具位置、头带、颈带的松紧度,以达密封良好。

负压测试,手掌盖住过滤盒表面轻轻吸气。面具应轻轻塌陷,并向脸部靠拢,如能感觉到空气从面部与面具之间进入,应调整面具位置及头带、颈带的松紧度,以达密封良好。

14 戴防毒口罩完毕。

项目一　防护用品的穿戴

> ⚠ 提示
>
> 戴防毒口罩完毕后,以跨立的姿势等待指导老师检查及下达下一步"操作口令"。

15　将防毒口罩放入储藏袋中并放置原处。

步骤三　戴防护眼镜

1　取防护眼镜。

> ⚠ 提示
>
> 不能用普通的眼镜代替防护眼镜,防护眼镜不但面积比普通眼镜大,而且在作业中能多个角度的保护眼睛不受油漆、灰尘、火花的伤害。

2　检查防护眼镜。

> ⚠ 提示
>
> 检查防护眼镜是否有破损、镜片是否有磨损等,如有需更换。

3　戴防护眼镜。

> ⚠ 提示
>
> 戴防护眼镜完毕后,以跨立的姿势等待指导老师检查及下达下一步"操作口令"。

11

步骤四 戴棉纱手套

1 检查棉纱手套。

> **提示**
>
> 使用前,检查棉纱手套是否有破损,如损坏需更换。

2 戴棉纱手套。

> **提示**
>
> 为快速戴棉纱手套,戴棉纱手套过程中五个手指尽量分开,也可防止手指套错。

3 戴棉纱手套完毕。

> **提示**
>
> 戴棉纱手套完毕后,以跨立的姿势等待指导老师检查及下达下一步"操作口令"。

步骤五 戴抗溶剂手套(薄)

1 检查抗溶剂手套(薄)。

> **提示**
>
> 使用前,检查抗溶剂手套是否有破损,如破损需更换。

2 戴抗溶剂手套(薄)。

> **提示**
>
> 戴抗溶剂手套时,大小选择合适,需保

持手部干燥,避免留较长的指甲,以方便戴抗溶剂手套。

2 戴抗溶剂手套(厚)。

> 提示
>
> 将衣服袖口插入手套的袖套内。

3 戴抗溶剂手套(薄)完毕。

> 提示
>
> 戴抗溶剂手套(薄)完毕后,以跨立的姿势等待指导老师检查及下达下一步"操作口令"。

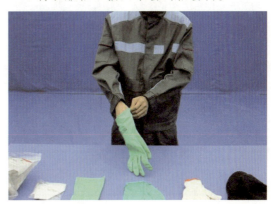

3 戴抗溶剂手套完毕(厚)。

> 提示
>
> 戴抗溶剂手套(厚)完毕后,以跨立的姿势等待指导老师检查及下达下一步"操作口令"。

步骤六 戴抗溶剂手套(厚)

1 检查抗溶剂手套(厚)。

> 提示
>
> 使用前,检查抗溶剂手套是否有破损,如破损需更换。

综合训练一　打磨作业时防护用品的穿戴

1　戴上防尘口罩。

> 提示
>
> 技术标准与要求详见步骤一。

2　戴上防护眼镜。

> 提示
>
> 注意将眼镜框架放在防尘口罩金属鼻夹外，可减少呼吸时眼镜内出现雾气，挡住视线。
>
> 技术标准与要求详见步骤三。

3　戴上棉纱手套。

> 提示
>
> 技术标准要求详见步骤四。

4　戴上工作帽。

5　打磨作业时，防护用品的穿戴完毕。

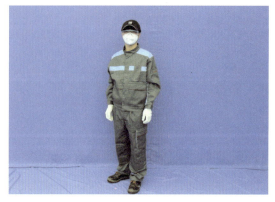

综合训练二 刮灰、除油、清洗喷枪作业时防护用品的穿戴

1 戴上防毒口罩。

> 提示
> 技术标准与要求详见步骤二。

2 戴上防护眼镜。

> 提示
> 技术标准与要求详见步骤三。

3 戴上抗溶剂手套。

> 提示
> 刮灰、除油可戴薄的抗溶剂手套;清洗刮刀需戴厚的抗溶剂手套。

技术标准与要求详见步骤五和步骤六。

4 戴上工作帽。

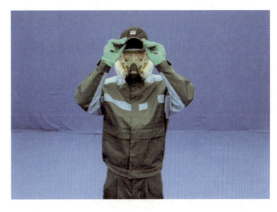

5 刮灰、除油、清洗喷枪作业时,防护用品穿戴完毕。

综合训练三 喷涂、调漆作业时防护用品的穿戴

1 穿上防静电连体喷漆服。

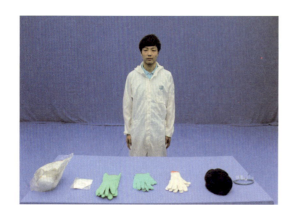

2 戴上防毒口罩并调整与脸部是否完全贴合。

> **提示**
> 技术标准与要求详见步骤二。

3 操作者戴上防护眼镜并调整至舒适位置。

> **提示**
> 技术标准与要求详见步骤三。

4 戴上抗溶剂手套(薄)。

> **提示**
> 为操作时方便,喷漆、调漆时可戴薄的抗溶剂手套。
> 技术标准与要求详见步骤五。

5 戴上防尘帽。

项目一　防护用品的穿戴

6 喷漆、调漆作业时,防护用品穿戴完毕。

2 戴上工作帽。

综合训练四　遮蔽作业时防护用品的穿戴

1 穿好实训服与安全鞋。

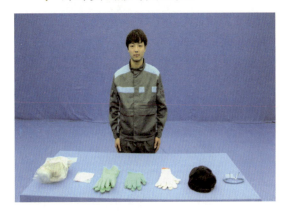

3 遮蔽作业时,防护用品穿戴完毕。

八、考核标准

防护用品的穿戴考核评分表(满分100分)

姓名_____　　完成时间_____

考核时间	序号	项目	配分	评分标准	得分
20min	1	戴防尘口罩	5	使用前未检查颈带扣1分	
				使用前未检查头带扣1分	
				使用前未检查金属鼻夹扣1分	
				使用前未检查口罩外观扣1分	
				戴的方法不正确扣1分	

17

续上表

考核时间	序号	项目	配分	评分标准	得分
20min	2	戴防毒口罩	8	使用前未检查活性炭过滤盒使用日期扣1分	
				使用前未检查滤棉扣1分	
				使用前未检查呼气阀扣1分	
				使用前未检查吸气阀扣1分	
				使用前未检查面罩扣1分	
				使用前未检查头带框套扣1分	
				使用前未检查颈带扣1分	
				戴的方法不正确扣1分	
	3	戴防护眼镜	2	使用前未检查镜面外观扣1分	
				戴的方法不正确扣1分	
	4	戴棉纱手套	5	使用前未检查外观扣2.5分	
				戴的方法不正确酌情扣1~2.5分	
	5	戴抗溶剂手套（薄）	5	使用前未检查外观扣2.5分	
				戴的方法不正确酌情扣1~2.5分	
	6	戴抗溶剂手套（厚）	5	使用前未检查外观扣2.5分	
				戴的方法不正确酌情扣1~2.5分	
	7	打磨作业时防护用品的穿戴	20	未戴防尘口罩或戴错扣5分	
				未戴防护眼镜扣5分	
				未戴棉纱手套或戴错扣5分	
				未戴工作帽扣5分	
	8	喷涂、调漆作业时防护用品的穿戴	20	未穿连体防静电工作服扣4分	
				未戴防毒口罩或戴错扣4分	
				未戴防护眼镜扣4分	
				未戴抗溶剂手套或戴错扣4分	
				未戴工作帽扣4分	
	9	刮灰、除油、清洗喷枪作业时防护用品的穿戴	20	未戴防毒口罩或戴错扣5分	
				未戴防护眼镜扣5分	
				未戴抗溶剂手套或戴错扣5分	
				未戴工作帽扣5分	
	10	清洁	5	未清洁工作台酌情扣1~5分	
	11	其他	5	危险操作扣5分	
		合计分数	100		

项目二 底材处理

一、项目说明

1. 概述

底材处理又称表面预处理,是汽车涂装工艺的第一步,应根据被涂物的用途、材质、要求及表面状况,采用与之相适应的处理方法。底材处理质量的好坏将直接影响涂层的质量。经过处理的底材,使其表面无油、无锈、无其他污物,并具有一定的粗糙度,能使涂料牢固地附着在底材上面。故正确规范的底材处理是保证涂层使用寿命及质量的重要环节。

2. 底材处理的步骤

通常底材处理包括清洁、面漆类型评估、损伤评估、损伤涂层去除、羽状边打磨、防锈等几项作业。

1)清洁

当维修车辆进入维修场地前,需用高压水对整个车体上附着的污渍、泥土进行彻底的清洁。进入涂漆维修工位后,需用除油剂对维修区进行再次清洁,以去除车身上的硅、油、蜡、沥青及塑料件上脱模剂等残留物。

2)面漆类型评估

待清洁后,需对维修车辆面漆的类型进行准确的评估。采用合理的方法评估面漆层是素色漆还是银粉漆、珍珠漆等。如果是素色漆,还需判断是单工序素色漆还是双工序素色漆;是热固性漆膜还是热塑性漆膜。

检查原漆膜是热塑型漆膜还是热固型漆膜,检查方法是使用干净的白布,沾湿硝基稀释剂擦拭损伤部位的漆膜,如果漆膜掉色或擦拭后出现比较严重的失光,则说明旧漆膜可能采用的是硝基漆或热塑性丙烯酸涂料等溶剂挥发型涂料,或者是采用了氧化聚合型或双组分聚合型,但由于施工不当或施工条件原因聚合反应进行得不够充分,导致还可以溶解。为避免将来喷涂时出现咬底等缺陷,对于以上情况的漆膜可以采用两种处理方法:一是打磨去除至裸金属;二是打磨后喷涂隔离性较强的中涂底漆。

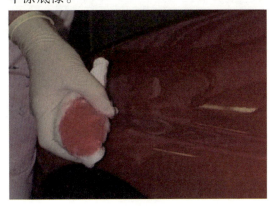

热塑型漆膜

热固型漆膜

3）损伤评估

损伤评估非常重要，通过合理的方法，明确损伤的位置及损伤的范围，从而制定有效的维修方案。在实际作业中损伤评估的方法主要有：目视进行评估、触摸进行评估、用直尺进行评估。

（1）目视进行评估：目测评估在实际维修过程中较为常见，其方法是在光源下用眼睛侧面观察漆面，利用漆面上的反光即可发现很小的变形。但当损伤区经钣金作业已去除损伤区涂层后，或光源不足的地方就不能采用这种方法。

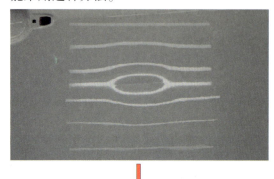

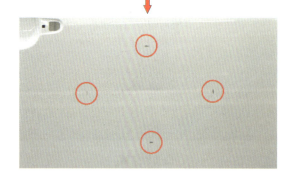

（2）触摸进行评估：触摸评估可在任何车身表面上进行评估。评估者可戴上棉纱手套，从多个方向用手触摸工件，将注意力集中在手上，用手去感觉损伤范围的大小。手掌轻触板件，从未损伤区向损伤区再向未损伤区移动，可容易通过触感感觉到不平表面的范围。且在评估过程中还能感知损伤处凹陷的深浅。

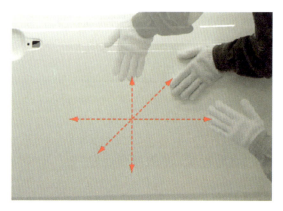

（3）用直尺进行评估：将直尺置于钢板表面，比较未损伤部位和损伤部位与直尺之间的间隙。虽然大多数工件表面并非笔直，但是都有光滑的平面，易操作。

在实际作业中，为更准确的评估损伤范围，可采用多种方法相结合的方式对损伤区进行评估。

4）去除损伤涂层

当确定损伤区范围后，就必须将损伤范围内的涂层全部去除，如有锈迹也应全部去除。去除损伤区涂层和锈迹的方法有很多，实际作业多用打磨机去除，速度快、效率高。虽然有些损伤涂层表面看起来没有任何损伤、开裂，更没有剥落，但内部涂层有开裂或剥落的可能，如不完全去除，漆面修复后会造成漆膜缺陷。

5）打磨羽状边

在清除损伤区漆膜后，在原子灰刮涂之前需产生一个宽的、平滑的边缘，以增加附着力，此时可以将涂膜边缘打磨，形成一个缓和的斜坡，这个斜坡就是羽状边。羽状边制作好坏对原子灰施工非常重要，优良的羽状边方便原子灰的刮涂及打磨，在原子灰打磨平整的情况下，且面漆施工后不容易出现原子灰印。通常羽状边由两部分组成，分别是羽状边区域和磨毛区域。规范的羽状边，要求打磨后过渡平顺，无台阶（用手触摸底材和涂层，不能明显的感触到有台阶），磨毛区范围合理（便于原子灰的刮涂、打磨）。

6）防锈处理

防锈处理作为底材处理最后一道工序非常关键。新车在生产线上喷涂时，为防止金属表面腐蚀，提高附着力，需进行防锈处理。在修补时，也不能在裸露的钢板表面直接喷漆，也须进行防锈处理。目前汽车修补漆作业中常用的防锈处理是采用施涂环氧底漆和侵蚀底漆。环氧底漆不但有较强的抗腐蚀能力，且能提供较高附着力，方便下道原子灰施工或中涂底漆喷涂，而施涂侵蚀底漆后便不可进行原子灰施工。其施工可采用喷涂或刷涂两种方式，一般较小面积时可采用刷涂，如面积较大或者整板施工时可采用喷涂（采用1.3口径的面漆喷枪）的方法。环氧底漆施工只要求一个连续的薄层即可，只需15～20μm，无须喷涂太厚，以免增加涂料消耗及漆层闪干时间，降低工作效率。

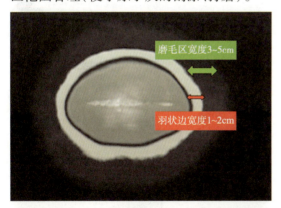

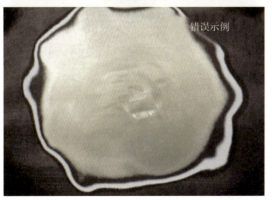

错误示例

二、技术标准与要求

1. 安全防护用品穿戴正确；
2. 干磨机使用正确，打磨头与工件接触后再起动；
3. 采用合理的方法评估损伤范围；
4. 去除损伤涂层采用P80干磨砂纸

并配合偏心距7(6)mm号双动作打磨头；

5.羽状边打磨采用P120干磨砂纸并配合偏心距7(6)mm号双动作打磨头；

6.羽状边过渡平顺、形状规则、羽状边的宽度在3cm左右；

7.羽状边磨毛区宽度控制在3～5cm；

8.在裸钢板上薄涂一层环氧底漆；

9.废弃物正确处理；

10.安全操作。

三、实训时间

实训时间：40min。

四、实训教学目标

1.了解汽车涂装底材处理的方法及步骤；

2.掌握清洁除油的方法；

3.掌握损伤范围评估的方法；

4.掌握除旧漆的技能；

5.掌握羽状边打磨的技能；

6.掌握底材防锈的技能。

五、实训器材

工件3

吹尘枪

防护用品

砂纸

除油剂

环氧底漆

除油布

记号笔

垃圾桶

无尘干磨机

空气压缩机

六、教学组织

1.教学组织形式

实训教师1名，学生16名，4个工位。

每个工位4名学生实训,一位学生操作,其他学生观察、记录。

2. 学生站位分工和要求

学生按规定的工位站立,按教师的指令进行独立的操作。

3. 实训教师职责

安排学生工位,讲解操作步骤和注意事项,下达"操作开始"口令,工位巡视(检查、指导和纠正错误)。

4. 学生职责

认真完成教师布置的任务;做好课后清洁、整理工作。

七、操作步骤

操作前准备

参训学生穿好工作服、安全鞋,将操作时用到的材料与工具整齐的摆放在操作台上并以跨立的姿势等待老师下达"操作口令"。

> **提示**
>
> 上实训课前必须穿好实训服及安全鞋,做好操作前准备,有利于安全操作和提高工作效率。

实训内容 底材处理

步骤一 损伤范围评估

1 穿戴防护用品。

> **提示**
>
> 技术标准与要求详见项目一。

2 抹尘、吹尘。

> **提示**
>
> 用吹尘枪、无纺布去除工件表面上的灰尘,以方便对损伤区进行评估。

3 更换防护用品。

> **提示**
>
> 技术标准与要求详见项目一。

4 将除油剂均匀地喷涂在旧涂层上。

> 提示

将整个工件表面均匀地喷涂一层除油剂。

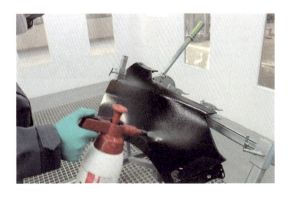

5 用除油布将工件上的除油剂擦干。

> 提示

除油时方法有两种：

方法一：用装有除油剂的喷壶在工件上喷涂一层除油剂，待工件上除油剂未干时用除油布将其擦干（注意除油擦拭时的先后顺序，通常先面后边、由上而下，不得来回重复擦拭，以免造成二次污染。一般一块除油布擦拭的面积控制在 $0.2 \sim 0.3 m^2$）。

方法二：也可以采用两块除油布，一块除油布用除油剂湿润后，在工件上擦拭，面积控制在 $0.2 \sim 0.3 m^2$，一小块一小块地进行，当工件表面还湿润时，用另一块干净的除油布将其擦干。

6 进行损伤评估。

> 提示

（1）仔细观察整个工件表面涂层，找到损伤区域，确定损伤范围。

（2）对于带有曲线、弧面的损伤部位需采用触摸和观察相结合的方式对损伤范围进行评估。

7 标记损伤范围。

> 提示

通过触摸和观察，用记号笔或砂纸画出

项目二 底材处理

损伤区的范围,以方便下步去除旧漆膜。

步骤二 去除损伤区漆膜

1 穿戴防护用品。

🟢 提示

技术标准与要求详见项目一。

2 选择打磨头、砂纸。

🟢 提示

根据底材的材质——"钢板",故选用P80干磨砂纸配合偏心距为6mm的打磨头去除损伤区漆膜。

3 将砂纸粘在磨头磨垫上。

🟢 提示

砂纸的孔与磨头磨垫的吸尘孔对齐。

4 起动打磨机。

🟢 提示

将干磨机吸尘起动开关指向"AUTO"挡,即自动吸尘挡。

5 将损伤区的旧漆膜去除。

🟢 提示

(1)将磨头磨垫接触工件后再起动磨机。
(2)打磨时将磨头与工件接触角度控制在5°~10°,用砂纸外侧10mm左右部位打磨损伤漆膜,如下图所示。

25

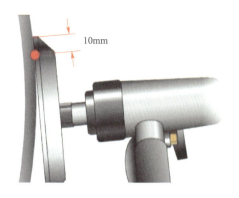

(3) 打磨时不得在磨头上施加压力。
(4) 根据损伤范围的判断，沿着所画的轨迹，将损伤范围内的漆膜全部去除。

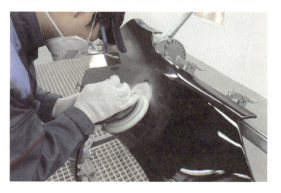

6 用打机磨去除损伤漆膜完毕。

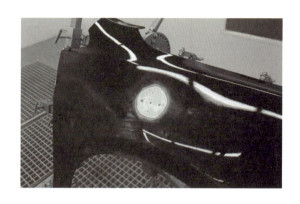

7 用铲刀去除残留损伤漆膜。

 提示

(1) 对于凹陷处磨头无法去除的损伤漆膜，可用手工去除，一定要将损伤区的旧漆膜去除干净，以免修补后产生漆膜缺陷。
(2) 如底材有锈蚀也应去除干净。

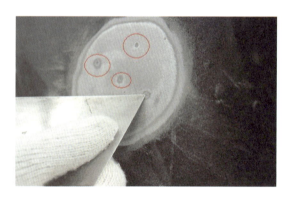

8 损伤漆膜去除完毕。

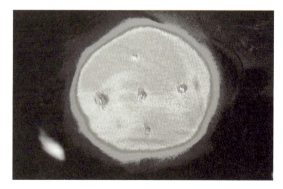

9 擦去工件表面打磨后残留的粉尘。

10 去除损伤区漆膜完毕。

步骤三　打磨羽状边

1 选择打磨头、砂纸。

> 提示
>
> 选择 P120 干磨砂纸配合偏心距为 6mm 的打磨头。

2 将砂纸粘在磨头磨垫上。

> 提示
>
> 砂纸的孔与磨头磨垫的吸尘孔对齐。

3 打磨羽状边过程。

> 提示
>
> （1）将打磨头与工件接触后再起动磨机。

（2）打磨时将打磨头与工件倾斜 5°～10°的角度打磨，用砂纸外侧 30mm 左右的部位打磨羽状边。

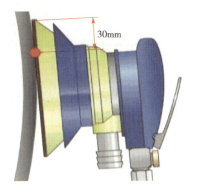

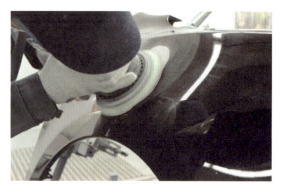

（3）为使打磨后的羽状边又顺又宽，应采用从外向内的打磨方法，顺着打磨机旋转方向顺时针方向打磨羽状边。

（5）打磨的过程中目视检查研磨痕迹。

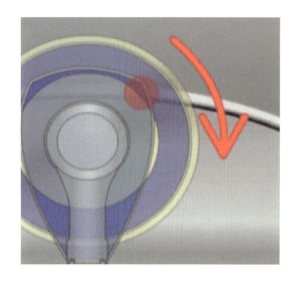

4 检查打磨效果。

 提示

打磨后应从各个角度用手以触摸的方式检查羽状边是否平顺过渡、无台阶。

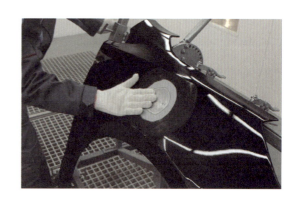

（4）沿着去除旧漆膜后的痕迹移动打磨头，能使打磨后的羽状边形状更加规则。

5 羽状边制作完成。

项目二 底材处理

6 用无纺布抹去打磨后的粉尘。

9 用除油布将工件上除油剂擦干。

7 更换防护用品。

> 提示
>
> 技术标准与要求详见项目一。

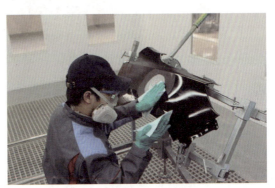

10 羽状边打磨后的效果。

> 提示
>
> （1）要求羽状边形状规则，边缘以圆弧形状过渡。

8 将除油剂均匀地喷涂在工件表面上。

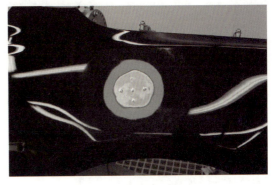

（2）通常原厂涂层，根据漆膜厚度不同羽状边打磨后的宽度在 15～30mm 之间。

29

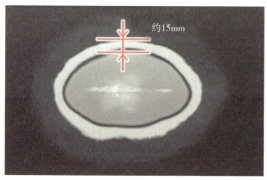

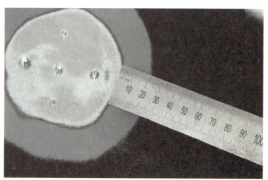

(3)为方便原子灰刮涂及增加原子灰与涂层的附着力,在羽状边外30~50mm之间研磨涂层直至哑光。

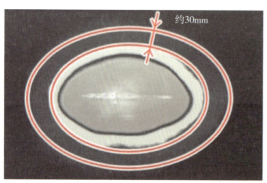

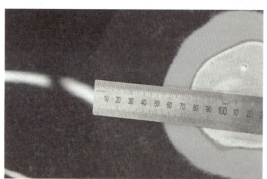

步骤四 施涂环氧底漆

1 用无纺布沾少许调配后的环氧底漆。

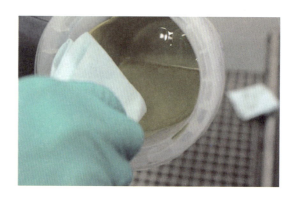

2 施涂环氧底漆。

 提示

在裸钢板处涂一薄层环氧底漆,起到防锈、增强附着力的作用。

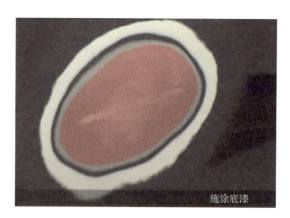

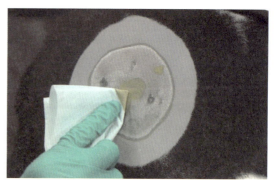

项目二 底材处理

3 整理工位。

> **提示**
> 操作结束后,将操作台面清洁干净,以方便下一位同学操作。

八、考核标准

底材处理考核评分表(满分100分)

姓名_____ 完成时间_____

考核时间	序号	项目	配分	评分标准	得分
20min	1	安全防护	12	未穿工作服(喷漆服)扣2分	
				未穿安全鞋扣2分	
				未戴防毒(尘)口罩扣2分	
				未戴防护眼镜扣2分	
				未戴工作帽扣2分	
				未戴棉纱(抗溶剂)手套扣2分	
	2	损伤评估	20	评估前未除尘、除油扣5分	
				损伤评估方法不正确扣5分	
				评估范围未标记出扣5分	
				损伤区范围判断有错误扣5分	
	3	去除旧漆膜	20	打磨头选择错误扣5分	
				砂纸型号选择错误扣5分	
				砂纸孔与打磨头吸尘孔未对齐扣5分	
				去除旧漆膜方法不正确扣5分	
				损伤范围内仍有残余旧漆膜,每处扣1分,共5分,扣完为止	

31

续上表

考核时间	序号	项目	配分	评分标准	得分
20min	4	打磨羽状边	30	砂纸型号选择错误扣5分	
				羽状边打磨方法错误扣5分	
				羽状边宽度小于1cm扣5分	
				羽状边不平顺每处扣2分,共10分,扣完为止	
				羽状边形状不规则扣1分	
				羽状边磨毛区大于5cm或小于3cm扣2分	
				打磨结束未进行除尘、除油扣2分	
	5	施涂环氧底漆	10	未施涂环氧底漆扣5分	
				施涂范围过大扣3分	
				施涂太厚扣2分	
	6	清洁	8	打磨完毕后物品未复位、台面未清洁扣1~8分	
		分数合计	100		

项目三 原子灰的施工

一、项目说明

1. 概述

与原厂涂装工艺（OEM）相比，原子灰施工是汽车修补漆工艺中特有的一道工序。经过钣金修复的车身表面需要形成可以进行涂装的表面，最为有效、经济的方法就是对损伤区进行原子灰刮涂及打磨，使损伤区完全恢复损伤前形状。原子灰的刮涂与打磨是涂装作业中一项重要的环节，原子灰层施工质量的好坏不但会影响漆面修复后形状是否恢复原状，而且也会直接影响漆膜表面的最终质量。所以，对于一个即将从事汽车涂装工学习者来说，掌握原子灰刮涂与打磨技能是进入这一行业基础。

原子灰又称腻子，它是以颜料、填充物、树脂、催干剂调配而成的呈浆状的材料，用过氧化物作为固化剂，可根据实际需要，随时调配使用。原子灰能使受到变形的底材恢复到损伤前的形状，是一种低成本的修补方法，但刮原子灰不能代替钣金所有的修理工作。一般经过钣金修复的车身要达到一定的要求，如钣金做得较为平整，表面平面度不超过 2mm，底材不应有裂口、焊缝等。否则，过厚的原子灰会降低涂层的性能，裂口和缝隙会吸入潮气导致锈蚀的产生最终破坏原子灰和金属的结合，而且汽车在行驶中的振动和应变，也会使过厚的原子灰出现裂纹、脱落。所以原子灰的厚度一般不超过 5mm。

2. 汽车修补用原子灰的特性

（1）与底漆、中涂底漆及面漆有良好的配套性，不发生咬底、起皱、开裂、脱落等现象，有较强的层间粘合力。

（2）具有良好的刮涂性能，垂直面刮涂性能良好，无流淌现象，有一定的韧性，附着力好，刮涂时原子灰不反转，薄涂时原子灰层光滑。

（3）打磨性能良好，原子灰层干燥后软硬适中，易打磨，不粘砂，能适应干磨。打磨后原子灰层边缘平整、光滑且无接口痕迹。

（4）干燥性能良好，能在规定时间内干

燥、打磨。

（5）形成的原子灰层要有一定韧性和硬度，以防汽车行驶中的振动引起原子灰层开裂，以及轻微碰撞引起低凹或划痕。

3. 原子灰的种类

根据汽车漆面修补、改色、翻新涂装中常用原子灰的种类，原子灰可以分为聚酯原子灰、钣金原子灰、硝基原子灰、塑性原子灰和其他原子灰。

1）聚酯原子灰

聚酯原子灰为聚酯树脂型的，填充性能好，主要用于裸钢板的表面。也可用于塑料和玻璃钢件，但刮涂不宜过厚，不用于镀锌钢板、不锈钢板、铝板以及经磷化处理的钢板表面刮涂。为提高附着力，使用前在裸板上喷涂环氧底漆进行隔离。

2）钣金原子灰

钣金原子灰比聚酯原子灰好、附着力强、稳定性好、易干磨、不粘砂纸、边口平滑性好。有一定的防锈作用，可直接刮涂于裸钢板上，不需喷涂环氧底漆。

3）硝基原子灰

硝基原子灰又称填眼灰、快干原子灰，分双组分和单组分，以单组分常见。一般用于细小的划痕或砂眼，由于其附着力差，不耐溶剂，容易咬起，所以不大面积使用。常用于原子灰打磨之后或中涂底漆施工之后。

4）塑性原子灰

塑性原子灰用于柔软的塑料件填充，由于其干燥后有较强的塑性，常用于塑料件。但不能刮涂得太厚，否则柔韧性变差。

4. 原子灰刮涂工具

刮刀、刮板是原子灰刮涂的主要手工工具，刮涂工具按其材料组成的不同，可以分为塑料刮板、橡胶刮板、钢片刮板；按其软硬程度可以分为硬刮板和软刮板。一般钢片刮刀在企业使用较为广泛，但对于采用铝材质为底材的车身，不能使钢片刮刀与铝车身直接接触，以免发生化学反应而腐蚀车身。因此在作业中要视不同的损伤区域、不同的底材选择合适的刮涂工具。

硬刮刀通常用于刮涂大的凹坑、较大平面缺陷部位，由于刮刀口有一定的硬度，易刮涂平整，工效高、材料省，适用于要求平整的施工工序。

软刮刀主要用于刮涂圆弧形、圆柱形和曲面形状的部位。

使用刮刀时要注意以下几点：

（1）刮刀的刀口要平直，不能有齿形、缺口、弧形、弓形。

（2）对于塑料或橡胶材质的刮刀每次使用后需立即用稀释剂清洗干净，以免原子灰干燥后聚集在刮刀上，不易清洗，影响下次使用。

搅拌盘：用于原子灰与固化剂的混合，通常有纸质、金属材质、木质和塑料材质等。

刮刀的持握以刮刀的形状来决定，不同类型的刮刀有不同的握法，但主要遵循以持握舒适、方便刮涂为原则。良好舒适的持握刮刀不但能使刮涂得心应手，而且能在长时间刮涂作业中不觉得手酸，从而提高工作效率。以常用的钢片刮刀为例，握法有直握法和横握法两种。

直握法：直握时食指和中指压紧刮刀，拇指和另外三指握住刀柄。

横握法：横握时拇指和另外四指夹住刮刀。

5. 原子灰的施工

原子灰的施工主要包括原子灰调配、原子灰刮涂及原子灰打磨三个步骤。其中原子灰刮涂的次数主要取决于底材损伤区的情况、施工质量的要求及操作人员的技术水平，但应遵循多次刮涂、一次打磨的工艺原则。即对损伤区进行多次原子灰薄刮，使原子灰填充紧实，无气孔，直至原子灰已完全填充损伤区，经一次打磨使原子灰层成型，损伤区恢复原状。

1）选择合理的原子灰

通常以底材的材质选择原子灰的类型，如塑料件用塑料原子灰，铝、镀锌板用钣金原子灰。

2）混合原子灰基料

新开罐的原子灰或者隔夜再次使用的原子灰，罐中原子灰各成分会发生一定程度的分离，其中密度较大的颜料、填充物沉在底部，而密度较小的树脂、溶剂、添加剂则浮在上面，故在使用前务必用搅拌棒从罐底彻底地进行搅拌，使原子灰基料充分混合。同理，固化剂使用前也需充分的捏匀。双组分原子灰必须与固化剂按一定比例混合后才能固化。原子灰用的固化剂是一种过氧化物，在固化的过程中会发出大量的热量，需特别注意。

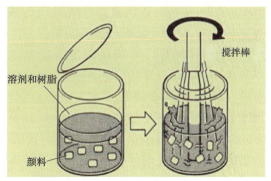

3）取原子灰

根据损伤情况取出适量的原子灰基料放在搅拌盘上，在原子灰的边上挤出相当于原子灰质量2%～3%的固化剂。确保原子灰与固化剂比例在规定范围。建议初学者可用电子秤进行计量，熟练后可依据混合后颜色来判断固化剂添加量是否正确。固化剂添加量太多或太少都会引发漆膜缺陷。太多会造成过氧化物"渗色"，残余的固化剂会使面漆层变色；太少会导致原子灰固化和成膜困难，使面漆层失去光泽，且干磨时容易粘砂纸，边口不易打磨平顺。

4）搅拌原子灰与固化剂

原子灰与固化剂的混合可根据原子灰的使用量选择在搅拌盘上进行或在铲刀上进行。建议在搅拌盘上进行混合，这样即方便又快速，且搅拌后的原子灰更加紧实，刮涂后不易出现气孔。判断是否搅拌均匀的方法是看颜色是否一致，因为原子灰的固化剂一般为红色或黄色，如果搅拌后颜色不一致，就说明还没有搅拌均匀，未搅拌均匀就进行刮涂，会导致固化不匀、附着力差、起泡、剥落等缺陷。

常温下（20℃），与固化剂混合后的原子灰在4～5min后开始固化，在温度较高的季节，固化的时间会进一步缩短，所以混合原子灰与固化剂速度尽可能要快一些，让更多的时间用于刮涂作业。在寒冷的季节，混合后的原子灰固化时间变长，造成不易快速干燥，可采用提高温度的方法来促进固化，最常见的是用红外线烤灯来进行加热，但原子灰层表面的温度不可超过50℃，温度太高会使原子灰在干燥过程时产生应力，容易造成开裂、脱落的现象。

5）原子灰的刮涂

原子灰刮涂是一项复杂的技能，也可以说是一门手艺，刮涂质量的好坏，全凭一双手。操作者利用不同的刮涂工具将调配好的原子灰快速地刮涂在损伤区域内，使原子灰尽量填补在损伤区凹坑内，未损伤区不要留有过厚的原子灰，而且原子灰层边缘要平顺过渡。要满足以上要求，就要熟练地掌握刮涂时刮刀的运行。尝试过刮涂便知，当刮刀与刮涂面角度越大，刮涂后的原子灰层就越薄；反之，原子灰层较厚。同时手指的力度也能控制原子灰层的厚薄。所以在刮刀运行过程中，从起刀直至收刀都伴随着角度、力度不断地变化。正常情况下，用手腕控制刮涂的角度，用手指来控制刮涂时的力度。

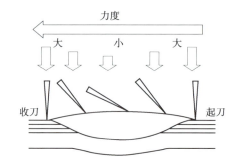

原子灰刮涂后，要求完成的原子灰层边口过渡平顺，不能有台阶、刮刀痕尽可能地少，在完全填充损伤区的同时越薄越好。

6）原子灰的干燥

与固化剂充分混合后的原子灰会自然固化，但受气温的影响，原子灰的干燥时间会发生很大的变化，通常混合后的原子灰在常温下活化时间为4～5min，20～30min后便可打磨。为使原子灰加速固化，可用红外线烤灯强制干燥，短波50℃，4min后便可打磨。原子灰在固化的过程中会产生大量的热量，所以原子灰边缘薄的部分往往比中间厚的部分固化得慢，通常我们可以用指甲或砂纸划边缘部位的原子灰层，如划痕为白色，不发软，不发粘，则说明已经完全干燥。

7) 原子灰整平

原子灰层彻底干燥冷却后即可打磨，打磨原子灰时只能干磨，不能水磨，因为原子灰的吸水性很强，当水磨残留水分不能很好地挥发时，就会导致漆膜起泡、起痱子、剥落、金属底材锈蚀等现象。打磨原子灰层主要是为了取得平整光滑的成形表面，可采用手工打磨和机械打磨的方式进行。机械打磨适用于修补面积较大以及平整底材的粗磨，可降低劳动强度，提高工作效率。但由于车身某些部位特殊形状及车身上某些位置的局限性，如靠近板件的边缘、饰条以及车身某些凹凸曲面处无法用打磨头打磨，因此需要手工打磨。在实际作业中经常采用手工打磨和机械打磨相结方式进行打磨。

原子灰打磨大致可分为三个步骤：粗磨、中磨（面成型）、精磨（消除砂纸痕迹达到喷中涂要求）。

打磨时砂纸的选择：打磨时干磨砂纸一般依次选择 P80、P120、P180、P240。选择砂纸时跳号不得超过 100 号，否则不能去除上层打磨的砂痕。

打磨方法：打磨时应交叉打磨，不能只朝一个方向或者只在个别区域打磨，这样容易造成原子灰层打磨变形及打磨过度。此外打磨时也不能在打磨工具上施加较大的压力。打磨时应从原子灰层内向旧涂层方向（从内侧向外侧）研磨，反之就容易出现打磨过度、边口不顺的现象。

打磨的确认：如果在打磨过程中未及时地判断是否磨平，就非常容易出现打磨过度的现象，就不得不重新刮涂原子灰，所以在打磨过程中应不间断地用手触摸原子灰来判断是否研磨平整。触摸时，用手快速的从未损伤区滑向原子灰层再到未损伤区，以手指手掌上的触感来判断原子灰层的平面度。

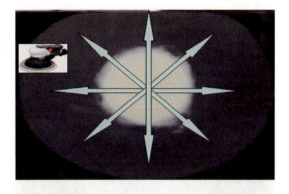

粗磨：根据原子灰层厚度及面积选用双动作打磨头、轨道振动式或手刨配合 P80~P120 干磨砂纸，消除原子灰范围内的刮刀痕，将平面大致打磨平整。

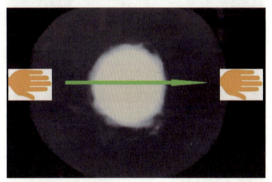

中磨（面成形）：用手刨等打磨工具配合 P120~P180 干磨砂纸以手工打磨的方式进行研磨，一边消除上层打磨留下的砂痕，一边连同原子灰层周边一起打磨。

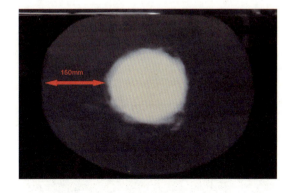

精磨：用手刨和打磨头配合 P180~P240 干磨砂纸打磨，消除上层打磨留下的

砂痕,将原子灰层接口打磨平顺。

最后用双动作打磨头配合 P320 砂纸从原子灰边缘至喷涂中涂底漆的范围进行打磨,宽度不少于 15cm。

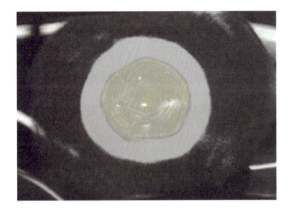

损伤区

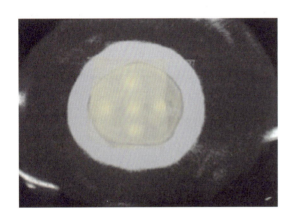

薄涂

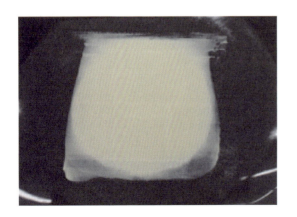

第一道原子灰

第二道原子灰

原子灰刮涂过程

P80 干磨砂纸打磨

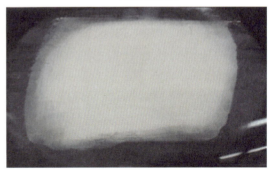

P120 干磨砂纸打磨

P180 干磨砂纸打磨

项目三 原子灰的施工

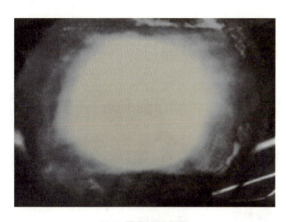

P240 干磨砂纸打磨
原子灰打磨过程

2. 了解原子灰的组成、种类及作用；
3. 了解刮刀的种类及使用方法；
4. 掌握原子灰搅拌、刮涂的技能；
5. 掌握原子灰整平的技能。

二、技术标准与要求

1. 防护用品穿戴正确；
2. 原子灰与固化剂的比例为 1%～3%，调和均匀；
3. 刮涂手法合理、刮涂范围不超出上层打磨范围；
4. 打磨工具操作规范；
5. 打磨时干磨砂纸使用合理；
6. 原子灰打磨前需抹涂打磨指示剂；
7. 打磨后原子灰层平整、过渡平顺，损伤区恢复损伤前形状；
8. 废弃物正确处理；
9. 安全操作。

三、实训时间

实训时间:40min。

四、实训教学目标

1. 巩固防护用品的穿戴知识；

五、实训器材

干磨机　　空气压缩机

烤灯　　吹枪

工件　　刮刀、刮板

防护用品　　原子灰

砂纸　　除油剂

除油布　　　胶带

炭粉　　　垃圾桶

六、教学组织

1. 教学组织形式

实训教师1名,学生24名,6个工位。每个工位4名学生实训,一位学生操作,其他学生观察、记录。

2. 学生站位分工和要求

学生按规定的工位站立,按教师的指令进行独立的操作。

3. 实训教师职责

安排学生工位,讲解操作步骤和注意事项,下达"操作开始"口令,工位巡视(检查、指导和纠正错误)。

4. 学生职责

认真完成教师布置的任务;做好课后清洁、整理工作。

七、操作步骤

操作前准备

参训学生穿好工作服、安全鞋,将操作时用到的材料与工具整齐地摆放在操作台上并以跨立的姿势等待老师下达"操作口令"。

> **提示**
>
> 上实训课必须课前穿好实训服及安全鞋,做好操作前准备,有利于安全操作和提高工作效率。

实训内容　原子灰施工作业

步骤一　清洁除油

1 穿戴防护用品。

> **提示**
>
> 技术标准与要求详见项目一。

项目三　原子灰的施工

2 除油。

> **提示**
>
> 方法、技术要求详见项目二除油作业。

3 刮涂前评估损伤区凹陷深浅程度。

> **提示**
>
> （1）原子灰施工前必须先评估损伤区凹陷深度，施工区是否还存在高点，是否还需要钣金作业等。
>
> （2）用手触摸，感觉凹坑大小，以评估原子灰的使用量及刮涂方案。

步骤二　混合原子灰与固化剂

1 打开原子灰罐盖子。

2 将罐内的原子灰基料充分搅拌均匀。

> **提示**
>
> 原子灰由颜料、填充物、树脂、溶剂等组成，长期不用或新开罐在使用前先将其充分搅拌均匀。

3 将固化剂搅匀。

> **提示**
>
> 用手指将固化剂捏均匀。

4 取原子灰。

:exclamation: **提示**

选择适量的原子灰放在调灰板上,建议在调灰板上搅拌原子灰,这样能更好、更快地将原子灰与固化剂搅匀。

5 取固化剂。

:exclamation: **提示**

通常原子灰与固化剂的比例为100∶1～100∶3,详见产品使用手册。固化剂加入过量,可能使表面涂层变色;固化剂加入太少,可能导致表面涂层硬化和成膜困难,从而使外涂层失去光泽。

6 搅拌原子灰(一)。

:exclamation: **提示**

用刮刀的一角提起固化剂并混入原子灰基体中。

7 搅拌原子灰(二)。

:exclamation: **提示**

用刮刀的一角把固化剂混入原子灰中,并保持圆形运动,直至基本上看不见红色的固化剂为止。

8 搅拌原子灰(三)。

:exclamation: **提示**

以刮刀的右边为支点,将原子灰向右侧翻。

项目三　原子灰的施工

9 搅拌原子灰(四)。

> **提示**
> 将刮刀基本上与调灰板持平,并将它下压。注意一定要将刮刀在调灰板上刮削,不要让残留原子灰留在刮刀上。

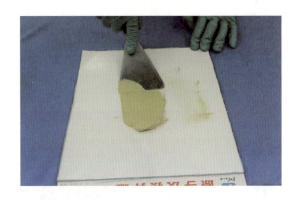

10 搅拌原子灰(五)。

> **提示**
> 在原子灰延展至调灰板边缘时,以刮板左端为支点,舀起原子灰向左侧侧翻。

11 搅拌原子灰(六)。

> **提示**
> 将刮刀基本上与调灰板持平,并将它下压。注意一定要将刮刀在调灰板上刮削,不要让原子灰留在刮刀上。

12 搅拌原子灰(七)。

> **提示**
> 重复原子灰搅拌(三)至(六)过程直至将其搅匀,避免出现大理石纹效果或未混合的固化剂。

步骤三　刮涂原子灰

1 刮涂第一道原子灰(一)。

> **提示**
> 由于原子灰量较少,可将原子灰全部集中在刮刀上,并用刮刀取少许搅拌后的原子灰。

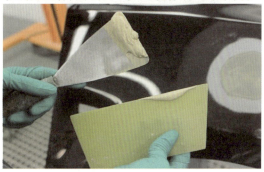

2 刮涂第一道原子灰(二)。

⚠️ 提示

（1）第一道原子灰可以分几个步骤刮涂，首先要刮涂一个薄层，以填充板件上由钣金作业产生的焊接痕、锤痕等。这一层必须要压实，故刮涂时手指要用力，并且刮刀与刮涂面的角度尽量大。

（2）刮涂后得到一个较薄的原子灰层，可透过原子灰看到底材。

3 刮涂第一道原子灰(三)。

⚠️ 提示

（1）待薄层刮涂完毕后，可紧接着刮涂一填充层，将凹陷部位予以填充。

（2）此时需将足够量的原子灰放置于刮刀中间部位，以方便填充。

（3）食指与小拇指张开，分别以刮刀左端、右端的表面为基准，沿着工件轮廓线，从上往下刮涂，同时伴随刮涂角度与力度的变化，控制原子灰留在凹陷部位。

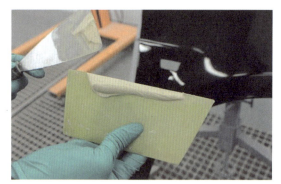

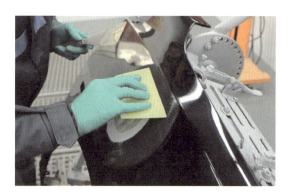

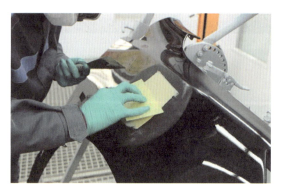

4 第一道原子灰刮涂后的效果。

> **提示**
>
> 要求边口薄,过渡平顺。

5 烘烤原子灰。

> **提示**
>
> （1）烘烤时注意温度不要过高,烘烤原子灰温度不得超过50℃。通常以手触烘烤表面不烫手为宜。
>
> （2）如温度过高,可增加烤灯与烘烤物的距离。温度太低,可拉近烤灯与烘烤物的距离。

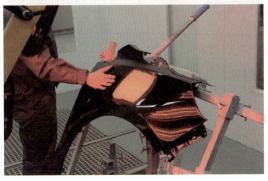

6 处理废原子灰。

> **提示**
>
> （1）在原子灰烘烤期间,可处理废原子灰及刮刀的清洁。
>
> （2）原子灰在干燥的过程中会产生热量,不得与带有溶剂的废弃物放置一起,需小心处理。
>
> （3）可以将废原子灰直接放入水中冷却,也可用调灰纸包起来,冷却后再处理。

7 清洁刮刀。

> **提示**
>
> 刮涂结束后在原子灰未固化前用稀释剂将刮刀上的废原子灰清洗干净,以便下次使用。

8 测试原子灰干燥程度。

⚠️ 提示

(1)通常用手指触摸原子灰边缘来判断原子灰层是否干燥。如原子灰层边缘已经干燥,则说明整个原子灰层均已干燥。

(2)对于还需要再次刮涂的原子灰层,则不需要完全干燥,只要不影响下道原子灰层刮涂即可。

9 再次调配原子灰。

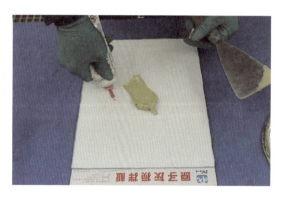

10 刮涂第二道原子灰(一)。

⚠️ 提示

(1)取适量的原子灰。

(2)在原子灰层上再次刮涂一个薄层,以填补第一道原子灰刮涂后留下来的小砂眼。

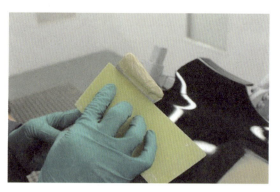

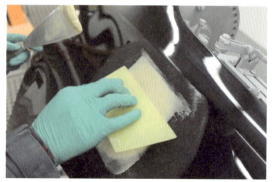

11 刮涂第二道原子灰(二)。

⚠️ 提示

(1)先将原子灰平铺在需刮涂区域,根

据损伤区的范围,分两次平铺。

(2)第一次在磨毛区范围内起刀,以刮刀左端未损伤的平面为基准,食指用力,从上往下刮涂原子灰,在刮刀与手指的作用下使原子灰从左边向右边损伤区运动。

(3)第二次在磨毛区范围内起刀,以刮刀右端未损伤平面为基准,小拇指用力,从上往下刮涂,同样使原子灰从右边向左边损伤区运动。

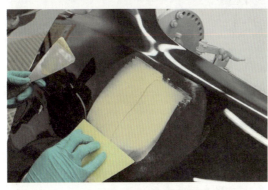

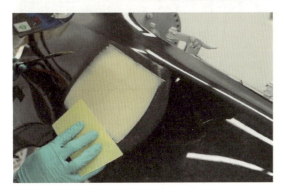

12 刮涂第二道原子灰(三)。

> **提示**
> 收光刮涂。使原子灰表面平整,消除明显的刮刀痕迹。

13 第二道原子灰刮涂完毕。

> **提示**
> (1)要求刮涂范围在羽状边磨毛区之内。
> (2)损伤区域填充,边口薄、方便打磨。

14 再次用红外线烤灯强制原子灰快速干燥。

15 再次处理废原子灰、清洁刮刀。

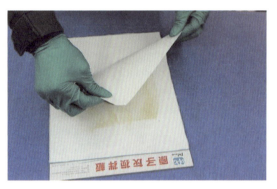

步骤四 原子灰整平

1 再次测试原子灰是否完全固化。

> **提示**
>
> （1）打磨前原子灰必须充分固化,这样打磨时才不会粘砂纸。
>
> （2）方法:可用砂纸去打磨原子灰的边缘,发现有粉末出现,说明原子灰边缘已经干燥。说明整个原子灰层已完全固化。

2 更换防护用品。

> **提示**
>
> 技术标准与要求详见项目一。

3 在原子灰层上均匀地抹涂打磨指示剂。

项目三　原子灰的施工

6　用 P80 干磨砂纸打磨原子灰层。

💡 提示

（1）将磨头平放在原子灰上，做来回移动打磨。

（2）采用"米"字形或"井"字形交叉来回打磨。

（3）注意只能在原子灰范围内打磨，过粗的砂纸不能打磨到旧涂层上。

（4）打磨过程中，可边打磨边用手触摸感觉原子灰的平面度。

4　选择 P80 干磨砂纸配合手刨打磨。

💡 提示

根据不同的情况选择不同的打磨工具，此次我们根据损伤区形状（内凹）、原子灰的厚度（偏薄），选用 70×125cm 的手刨配合砂纸进行打磨。

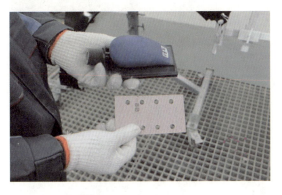

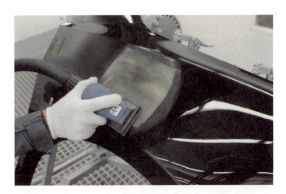

5　起动打磨机。

💡 提示

将打磨机吸尘起动开关指向"MAN"挡，即吸尘常开挡。

7 P80干磨砂纸打磨后的效果。

> ⚠ 提示
>
> （1）用P80干磨砂纸打磨后要求消除原子灰上刮刀痕迹、高点，打磨后原子灰层整体平整，无明显的高点，且损伤区基本已经恢复损伤前形状。
>
> （2）观察打磨后原子灰发现，原子灰层中间无炭粉残留，边上有炭粉残留，说明中间相较边上高。
>
> （3）如打磨后发现原子灰层中间部位有炭粉，说明损伤处还未被填满，需再次刮涂原子灰。

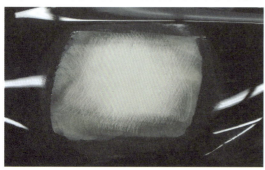

8 选择P120干磨砂纸。

9 在原子灰上抹涂打磨指示剂。

10 用P120砂纸打磨原子灰层。

> ⚠ 提示
>
> （1）打磨方法与用P80砂纸打磨相似，打磨范围超上层打磨区域。
>
> （2）用P120砂纸打磨去除P80砂纸打磨留下的痕迹，使原子灰层表面更加细化，进一步提高原子灰的平面度。
>
> （3）P120砂纸打磨非常关键，打磨后原子灰必须平整且没有波浪。

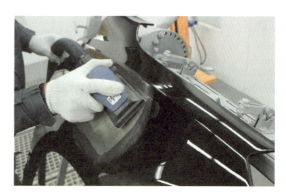

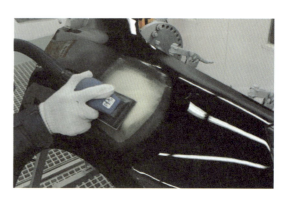

项目三 原子灰的施工

11 P120 砂纸打磨后的效果。

> **提示**
>
> （1）打磨后，用手感觉原子灰层的平面度，基本上原子灰已经平整，但边口过渡还不平顺。
>
> （2）观察打磨后的原子灰，发现原子灰上基本无炭粉残留，且原子灰边口上也没有明显的砂痕。有些边口比较薄的地方已经可以透过原子灰层见到底材。

14 用 P180 砂纸打磨原子灰层。

> **提示**
>
> （1）打磨方法与前面两道打磨方法相似。打磨范围要超过原子灰层区域。以未损伤区为基准，做来回长距离打磨。
>
> （2）P180 砂纸打磨去除 P120 砂纸打磨留下的痕迹，使原子灰层表面更加细化，光滑。使原子灰层边口更加的平顺。

12 选择 P180 干磨砂纸。

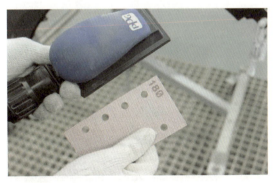

13 再次抹涂打磨指示剂。

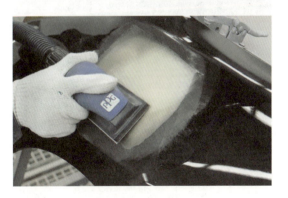

15 用 P180 砂纸打磨后的效果。

> 💡 **提示**
>
> （1）打磨后原子灰层已经平整，边口平顺，但砂纸痕迹还较明显。
> （2）通过观察打磨后的原子灰，发现边口处能透过原子灰观察到底材，过渡自然。

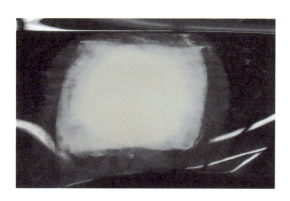

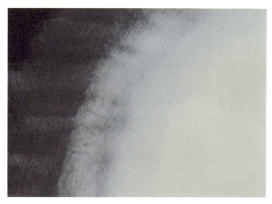

16 选择 P240 干磨砂纸。

17 再次抹涂打磨指示剂。

18 用 P240 砂纸打磨原子灰层。

> 💡 **提示**
>
> （1）打磨轨迹与前几道砂纸打磨相似，范围超过 P180 砂纸打磨区域。
> （2）去除 P180 的砂纸痕迹，使原子灰层表面更加的光滑。
> （3）原子灰边口更加的平顺。

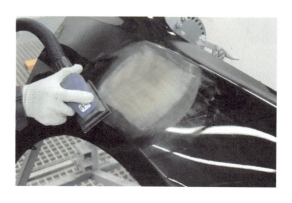

项目三　原子灰的施工

19 用 P240 砂纸打磨后的效果。

> 💡 **提示**
> 原子灰层表面砂痕更加细,边口更平顺。

20 用吹枪吹去原子灰层上的粉尘。

21 检查原子灰层上是否有砂眼。

> 💡 **提示**
> 如原子灰表面的砂眼无法用中涂底漆填充的需刮涂填眼灰。

22 选择 P320 干磨砂纸配合偏心距为 6mm 的打磨头。

23 打磨原子灰边上 20cm 范围内的旧涂层。

> 💡 **提示**
> （1）为喷涂中涂底漆工序做准备。
> （2）要求表面全部磨毛至哑光状。

24 吹去打磨后留下的粉尘。

53

25 原子灰整平结束。

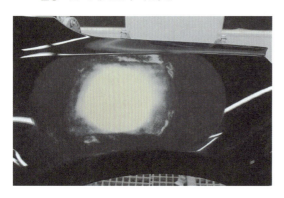

步骤五　清洁除油

1 更换防护用品。

🟢 提示

技术标准与要求详见项目一。

2 除油。

🟢 提示

方法详见项目二除油作业。

3 用除油布将除油剂擦干。

4 原子灰施工操作结束。

5 整理操作工位。

🟢 提示

操作结束后，将操作台面清洁干净，以方便下位同学操作。

八、考核标准

原子灰的施工考核评分表（满分100分）

姓名_____ 完成时间_____

考核时间	序号	项目	配分	评分标准	得分
40min	1	安全防护	12	未穿工作服（喷漆服）扣2分	
				未穿安全鞋扣2分	
				未戴防毒（尘）口罩扣2分	
				未戴防护眼镜扣2分	
				未戴工作帽扣2分	
				未戴棉纱（抗溶剂手套）扣2分	
	2	前处理	5	未除油扣5分	
	3	原子灰调配	15	原子灰使用前未搅拌扣2分	
				固化剂使用前未搅拌扣2分	
				取原子灰后未及时将盖子盖上扣2分	
				取固化剂后未及时将盖子盖上扣2分	
				原子灰与固化剂比例不正确扣3分	
				原子灰与固化剂搅拌不均匀扣4分	
	4	原子灰刮涂	30	第一道未进行薄刮扣4分	
				刮涂方法不正确酌情扣1~5分	
				刮涂范围超出羽状边磨毛区扣3分	
				刮涂结束后废原子灰大于使用量的1/2扣3分	
				结束刮涂后未将凹坑填满扣5分	
				刮刀痕迹较明显扣3分	
				原子灰边口有明显台阶扣3分	
				刮涂结束后未及时清洁刮刀扣2分	
				原子灰干燥是温度过高（烫手）扣分2分	
	5	原子灰打磨	30	每道砂纸打磨前未使用打磨指示剂扣2分	
				打磨机操作不正确扣2分	
				打磨砂纸选择错误，跳号超过100号扣2分	
				原子灰平面度根据情况扣1~20分	
				有较大的砂眼，中涂底漆填充不了扣2分	
				打磨后未清洁扣2分	
	3	5S	8	调配完毕后物品未复位、台面未清洁扣1~8分	
		分数合计	100		

项目四　喷枪的清洗与维护

一、项目说明

1. 概述

喷枪是汽车涂装修补作业中最重要的工具之一，它是一种将涂料均匀地喷涂在车身表面，从而得到良好的防腐与涂装效果。喷枪的工作原理是利用压缩空气的压力将液体雾化，形成雾状射流，雾化状的涂料在喷涂中分裂成微小而均匀的液滴喷在汽车表面上，形成薄厚均匀具有光泽的薄膜。

根据涂料供应方式的不同可把喷枪分为重力式喷枪、虹吸式喷枪、压送式喷枪。

压力式

2. 喷枪的种类

根据涂料的作用不同，喷枪可分为面漆喷枪和底漆喷枪。面漆喷枪与底漆喷枪一般以口径的大小来区分，一般面漆喷枪的口径为1.2~1.4mm，其特点是雾化精细、雾化区宽大、喷幅分散，喷涂后颜色均匀、饱满；底漆喷枪的口径为1.6~1.9mm，其特点是雾化均匀、中心区宽大、喷幅集中，喷涂后平整、易磨。

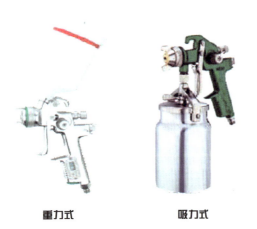

重力式　　　　**吸力式**

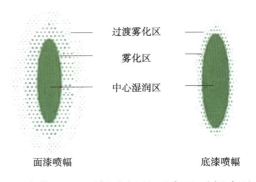

过渡雾化区
雾化区
中心湿润区

面漆喷幅　　　　**底漆喷幅**

随着VOC环保法规的要求及对提高油

漆传递效率的要求,一些喷枪制造厂家推出了环保型喷枪,如 HVLP 喷枪,HVLP(High Volume Low Pressure) 是高流量低气压的缩写,高流量指用较大的空气流量来进行涂料雾化,耗气量为 350～450L/min;低气压指喷涂时喷枪空气帽处的压力为 70kPa,枪尾进气气压为 200kPa,远小于传统喷枪雾化所需的气压。环保型喷枪的优点是喷涂过程中工件表面实际获得的油漆量占油漆消耗量的比例高,即涂料传递效率高,传统的喷枪涂料传递效率为 30%～40%,而环保型喷枪涂料传递效率在 70% 以上。

由于环保性喷枪对压缩空气系统要求较高,供气量较大,很多一般的修理厂无法满足,且环保喷枪由于供气压力低,喷涂过程中喷枪与工件的喷涂距离要比传统喷枪近,故从操作习惯来讲,有些喷涂技师不习惯使用低气压的喷枪。针对这些状况,喷枪制造厂商同时也推出了介于传统喷枪与环保型喷枪之间的低流量中气压喷枪——RP 喷枪。RP 喷枪的涂料传递效率在 65% 以上,而供气量仅为 295L/min,低于环保型喷枪和传统型喷枪,而喷涂气压、走枪速度和传统型喷枪较为接近,目前也得到了广泛的使用。

针对小面积损伤的快速修补,喷枪制造厂家推出了小修补喷枪,小修补喷枪是专门用于小面积修补的小喷枪,其喷枪口径为 0.3～1.1mm,当修补区域油漆损伤在 20～30mm 范围内、凹陷填灰在 25mm 范围内、完工区域在 20cm×30cm 范围内情况下,可使用小修补喷枪进行修补。

不少专业的喷涂技师都有 2～3 把喷枪。通常每把喷枪都有固定的用途,其中一把专门用来喷涂防锈底漆和中涂底漆;另一把用来喷涂底色漆;第三把用来喷涂罩光清漆。

3. 喷枪结构、清洗及维护

喷枪主要由风帽、喷嘴、针阀、扳机、气阀、三个调节旋钮和手柄等组成,其中风帽、喷嘴、针阀俗称"喷枪三件套",也是喷枪最关键的三个部件,如其中一个部件损坏需整套更换。

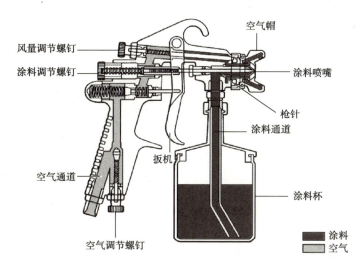

进口喷枪价格昂贵,每次用完喷枪后,需立即用稀释剂(洗枪水)对其进行彻底的清洗,许多喷枪的故障多因清洁不当所引起,特别是现在广泛使用的双组分涂料,因此正确的掌握喷枪清洗尤为重要。喷枪的清洗主要有两种:即手工清洗和机器清洗。

但无论是哪种清洗方法,正确的清洗与维护喷枪能延长喷枪的使用寿命,同时也能降低企业成本。从喷枪内部的结构可知,喷枪使用后只要清洗涂料流经的通道即可。

　　除了精细的日常清洗外,还应定期给喷枪加注一点润滑油。注意应该选择较稀且不含硅的润滑油。经常上油可以保持喷枪工作状态良好。由于正常的磨损和老化,密封圈、弹簧、针阀和喷嘴必须定期更换,更换应按生产厂家的说明进行。在清洗喷枪过程中不要把整把喷枪长时间浸泡在洗枪水中,这样会使密封圈硬化,并破坏润滑效果。

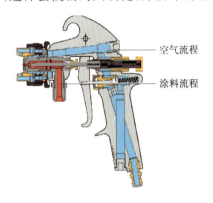

4. 喷枪常见缺陷及解决方法

(1)喷幅呈香蕉型弯曲。

原因:风帽上其中一个扇面控制孔堵塞或变形①;两边扇面控制孔气压不一致②;雾化孔堵塞;喷嘴受损。

解决方法:重新彻底清洁风帽上的扇面控制孔、雾化孔;更换喷枪三件套。

(2)喷幅中的湿润区偏向另一边。

原因:风帽上其中一个扇面控制孔堵塞或变形①②,因气流的不均匀令雾化的油漆倾向一边;喷嘴损坏,雾化孔与喷嘴间的间隙不均匀令雾化的油漆倾向一边。

解决方法:重新彻底清洁风帽上的扇面控制孔;必要时更换喷枪三件套。

(3)油漆积聚在中央,喷幅散不开。

原因:喷涂气压太低,扇面控制孔压力太低,不足于压出扇面;涂料黏度太高;喷嘴损坏;喷幅调节旋钮未打开。

解决方法:调整黏度;增大喷涂压力;检查喷涂调节旋钮是否打开。

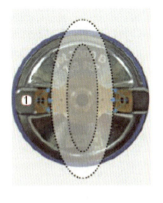

(4)喷幅跳动及不连续。

原因:枪壶中涂料不足;枪壶的通气孔堵塞;涂料通道堵塞;喷嘴未拧紧。

解决方法:添加涂料;清洁枪壶通气孔;清洁喷枪涂料通道;拧紧喷嘴。

项目四 喷枪的清洗与维护

喷枪清洗工具　　　　喷枪

吹尘枪　　　　　　防护用品

除油布　　　　　　垃圾桶

二、技术标准与要求

1. 防护用品的穿戴正确；
2. 拆卸、安装喷枪方法正确；
3. 枪身与涂料通道清洁干净；
4. 清洁后应立即将稀释剂吹干或擦干；
5. 安全操作。

三、实训时间

实训时间：40min。

四、实训教学目标

1. 了解喷枪结构、种类、作用及工作原理；
2. 掌握手工清洗与维护喷枪的方法。

五、实训器材

清洁盘　　　　　喷嘴拆装专用工具

六、教学组织

1. 教学组织形式

实训教师 1 名，学生 16 名，8 个工位。每个工位 2 名学生实训，一位学生操作，另一位学生观察、记录。

2. 学生站位分工和要求

学生按规定的工位站立，按教师的指令进行独立的操作。

3. 实训教师职责

安排学生工位，讲解操作步骤和注意事项，下达"操作开始"口令，工位巡视（检查、指导和纠正错误）。

4. 学生职责

认真完成教师布置的任务；做好课后清洁、整理工作。

七、操作步骤

操作前准备

参训学生穿好工作服（喷漆服）、安全鞋，将操作时用到的材料与工具整齐的摆放在操作台上并以跨立的姿势等待老师下达"操作口令"。

> **提示**
>
> 上实训课必须课前穿好实训服及安全鞋，做好操作前准备，有利于安全操作和提高工作效率。

手工清洗喷枪

步骤一　取下喷壶

1 穿戴防护用品。

> **提示**
>
> 技术标准与要求详见项目一。

2 将喷壶取下。

> **提示**
>
> 一只手固定喷壶，另一只手持喷枪向逆时针方向旋转。

步骤二　拆卸、清洗喷枪

1 取下风帽。

> **提示**
>
> 逆时针旋下风帽，浸泡在装有稀释剂的清洁盘中，注意轻放，防止溶剂飞溅。

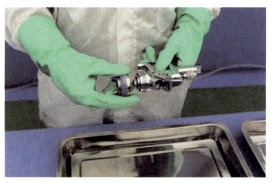

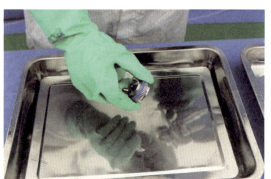

2 取下喷嘴。

> **提示**
> 用专用扳手逆时针旋松、旋下喷嘴,浸泡在装有稀释剂的清洁盘中,注意轻放,防止溶剂飞溅。

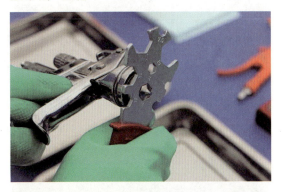

3 取下出漆量调整旋钮。

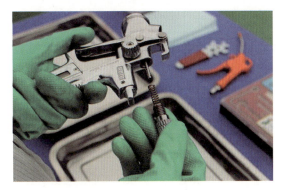

4 取下枪针。

> **提示**
> 取下枪针,并浸泡在装有稀释剂的清洁盘中。

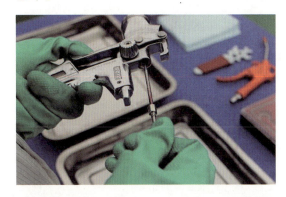

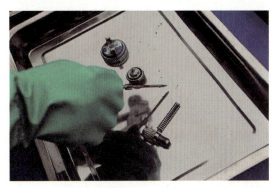

5 清洁分流环。

> **提示**
> 用毛刷将喷枪前端内的分流环处涂料刷洗干净。

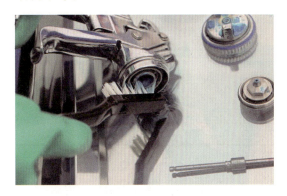

6 清洁涂料通道。

> **提示**
> 用毛刷清洁涂料通道。

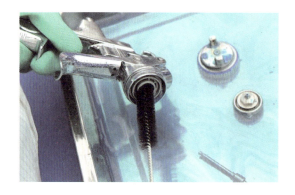

7 清洁涂料通道。

> **提示**
> 用毛刷清洁涂料通道。

8 清洁枪身。

> **提示**
> 用毛刷清洁枪身。

9 用干净的稀释剂冲刷枪身及涂料通道。

10 清洁后用气枪将枪身及涂料通道吹干。

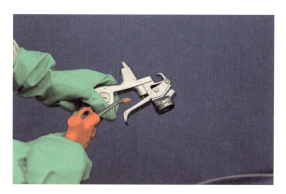

11 枪身清洗后的效果。

> **提示**
> 清洗后,要求枪身无涂料残留、涂料通道无涂料残留。

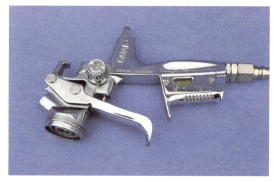

项目四　喷枪的清洗与维护

12　将清洁后的枪身放置在干净的清洁盘中。

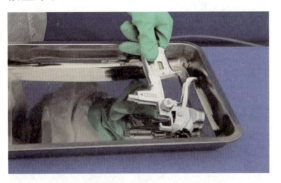

13　清洁风帽。

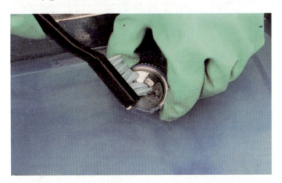

14　清洁风帽。

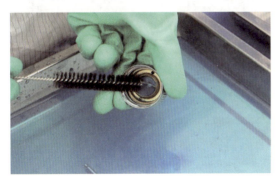

15　清洁风帽上的小孔。

16　清洁风帽中心孔。

17　检查风帽雾化孔是否有堵塞。

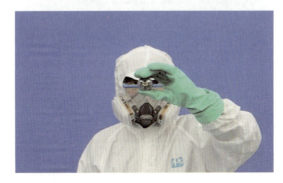

18　用干净的稀释剂冲刷风帽。

19 用气枪将清洁后的风帽吹干。

20 将清洁后的风帽放置在干净的清洁盘中。

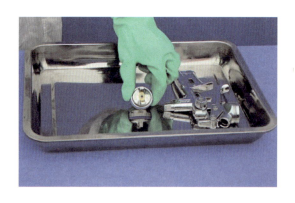

21 风帽清洗后的效果。

⚠️ 提示

要求风帽上无涂料残留,雾化孔、出气孔无涂料残留。

22 清洁喷嘴。

⚠️ 提示

用毛刷清洁喷嘴内涂料通道。

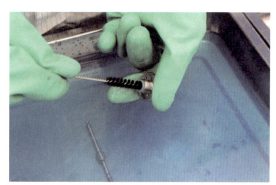

23 清洁喷嘴。

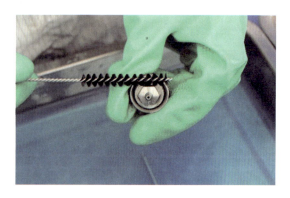

24 用干净的稀释剂冲刷喷嘴。

项目四　喷枪的清洗与维护

25 用无纺布将清洗过的喷嘴擦干。

28 清洗枪针。

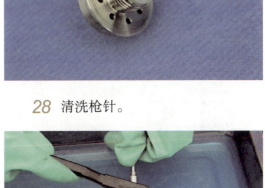

26 将清洁后的喷嘴放置在干净的清洁盘中。

29 用无纺布将清洁后的枪针擦干。

27 喷嘴清洁后的效果。

 提示

要求喷嘴上无涂料残留。

30 枪针清洗后的效果。

> **提示**
>
> 要求枪针上无涂料残留。

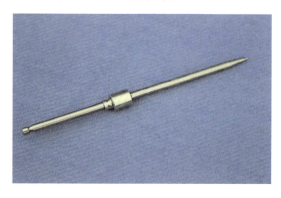

31 将清洁后的枪针放置在干净的清洁盘中。

32 喷枪清洗完毕。

步骤三 安装喷枪

1 安装枪针。

> **提示**
>
> 可以在枪针上抹涂少许润滑油。

2 安装喷嘴。

> **提示**
>
> 一只手持枪，另一只手持喷嘴，喷嘴螺纹与枪身上的螺纹口对准后以顺时针方向旋紧，再用专用工具将喷嘴旋紧。

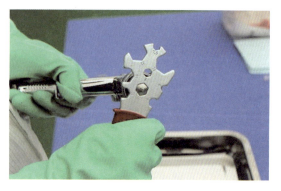

项目四　喷枪的清洗与维护

3 安装风帽。

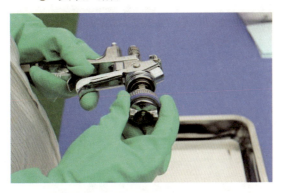

4 喷枪清洗后安装完毕。

5 清洁工作台面。

> 提示
>
> 操作结束后,将工作台面清洁干净,以方便下位同学练习。

八、考核标准

喷枪的清洗与维护考核评分表(满分 100 分)

姓名_____　　完成时间_____

考核时间	序号	项目	配分	评分标准	得分
15min	1	安全防护	18	未穿工作服(喷漆服)扣 3 分	
				未穿安全鞋扣 3 分	
				未戴防毒口罩扣 3 分	
				未戴护目镜扣 3 分	
				未戴工作帽扣 3 分	
				未戴抗溶剂手套扣 3 分	
	2	清洁效果	40	枪身上留有涂料,每处扣 2 分,共 6 分,扣完为止	
				枪身涂料通道上留有涂料,每处扣 2 分,共 8 分,扣完为止	

续上表

考核时间	序号	项目	配分	评分标准	得分
15min	2	清洁效果	40	风帽上留有涂料,每处扣2分,共8分,扣完为止	
				风帽上雾化孔中留有涂料,每处扣1分,共6分,扣完为止	
				喷嘴上留有涂料,每处扣2分,共6分,扣完为止	
				枪针上留有涂料,每处扣2分,共6分,扣完为止	
	3	安全操作	30	拆卸喷嘴未用专用工具扣6分	
				暴力刷洗枪身、风帽、喷嘴扣6分	
				喷嘴拆装过程中由于操作不当引起的损伤扣6分	
				清洁用稀释剂超出200mL扣6分	
				清洁后未及时擦干喷枪各部件,每个扣2分,共6分,扣完为止	
	5	清洁5S	12	清洗结束后、未整理工作台面扣1~12分	
		分数合计	100		

项目五　中涂底漆的施工

一、项目说明

1. 概述

中涂底漆层在汽车涂层组合中是在面漆层之下底漆层之上的中间涂层,主要起增强涂层间附着力、加强底涂层的封闭性及填充细微痕迹的作用。因此中涂底漆要有一定的附着力、耐溶剂性及填充性,以保证为面漆提供一个完美的施工表面,并能突出面漆的装饰性。

2. 中涂底漆的组成

中涂底漆主要由颜料、树脂、溶剂、添加剂组成。其中颜料为体制颜料,占组成中60%~70%。

3. 中涂底漆的特性

(1)与底漆、原子灰、旧涂层及面漆有良好的配套性,涂层间的结合力强,不被面漆的溶剂所咬起。

(2)干燥后涂层硬度适中,能抗石击,具有良好的打磨性能及耐水性,打磨后表面平整光滑,无起皱、脱皮等,局部喷漆边缘平滑性好,无接口痕迹。

(3)有良好的填充性能,经喷涂打磨后能消除底材上的轻微划痕、砂眼等。

(4)有良好的隔离性能,防止底漆层、原子灰层、旧涂层不良物质向面漆层渗出而污染漆膜表面,破坏面漆层的装饰性和阻止面涂层的溶剂渗透到底涂层、原子灰层、旧漆层。

(5)具有良好的施工性能,如温度适应性、干燥迅速、施工容易等。

4. 中涂底漆的分类

根据组分不同分为单组分中涂底漆和双组分中涂底漆。

单组分中涂底漆自然干燥速度快于双组分中涂底漆,但是隔离性、填充性、附着力、耐候性都比双组分中涂底漆差,通常只适用于小面积修补喷涂,且由于无法添加柔软剂降低柔韧性,所以不能喷涂在塑料件上,否则容易造成漆膜开裂、剥落。双组分中涂底漆在常温(20℃)情况下自然干燥时间为1~2h,为了加快其干燥速度,可以采用短波红外线烤灯加热,在15min后漆膜即可固化打磨,这样既缩短了干燥时间,又能保证作业效率。

每一种颜色都有一定的灰度值,当面漆颜色的灰度值与中涂底漆颜色的灰度值接近时,底材颜色就容易被遮盖,不但减少了底色漆涂料的使用量,同时也提高了施工效率,如下左图所示:左右两边采用不同灰度的中涂底漆,左边被底色漆完全遮盖,而右边未被遮盖。故在施工中涂底漆时应尽量选与面漆颜色灰度值相接近的中涂底漆。通常涂料供应厂商会提供2～3种颜色的中涂底漆,如白、黑、灰,通过三者按不同比例可调配出7种不同灰度的中涂底漆,如下右图所示;其中SG01～SG07即灰度值,不同涂料品牌的灰度值表示编号不同,但编号中一定含有灰度值的数字。

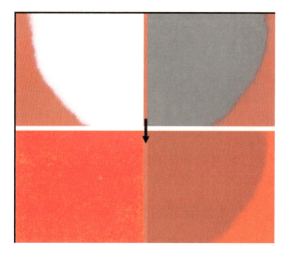

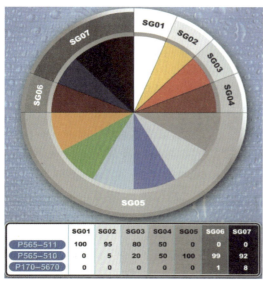

5. 中涂底漆的施工工艺

中涂底漆施工工序分为中涂底漆喷涂前处理、调配中涂底漆、喷涂中涂底漆、打磨中涂底漆。

1)中涂喷涂前处理

步骤一:打磨。对于有旧涂层或涂有电泳底漆的工件整板喷涂时,用P320～P240干磨砂纸配合6～7号双动作打磨头打磨整个工件原有涂层,边角部位及打磨头难以打磨到的部位用红色菜瓜布打磨;如底材是电泳底漆涂层也可全程用红色菜瓜布手工打磨,直至打磨后原涂层完全处于哑光状态;局部修补时,用P320砂纸配合打磨头打磨除原子灰之外中涂喷涂底漆区域,要求磨毛宽度在15～20cm之间。

步骤二:吹尘、除油。用吹尘枪吹去表面灰尘、清洁、除油。

步骤三:遮蔽。为避免出现涂层台阶,应采用反向遮蔽的方法对不需要喷涂的区域进行贴护。

2)调配中涂底漆

步骤一:选择灰度。根据底色漆的灰度选择合适的中涂底漆灰度值,可查阅涂料生产厂商的资料。

步骤二:确定用量。为达到完美修补,建议使用双组分中涂底漆。注意根据喷涂面积合理的调配中涂底漆用量,以免浪费。

步骤三:添加固化剂、稀料。根据产品使用说明,按规定比例添加固化剂与稀料,并充分搅拌;需使用配套的比例,不同品牌的中涂底漆所需添加的固化剂与稀料比例有所差异,不可混用。

3)喷涂中涂底漆

步骤一:喷枪选择。选择合适的喷枪进行喷涂,通常选择底漆喷枪。如喷涂免磨中涂底漆时应选择面漆喷枪,这样能使喷涂后的漆面橘纹小、光滑、平整。

步骤二:喷涂中涂底漆。通常喷涂2～3层中涂底漆,漆膜厚度可达50～70μm,视不同的原子灰平面度可多喷几层,但漆膜厚度不得超过150μm,以免涂层开裂。如喷涂的是自流平底漆,只喷涂一层即可,漆膜厚度需控制在 20～35μm 之间。

4)打磨中涂底漆

除在"湿碰湿"工艺中使用免磨中涂底漆外,其他的中涂底漆必须打磨后,才可喷涂面漆,素色底色漆用 P400 干磨砂纸打磨,金属底色漆用 P500 干磨砂纸打磨,通过合理的打磨,以获得光滑、平整且具有一定附着力的表面。

步骤一:涂炭粉。在中涂底漆上均匀地抹涂打磨指示剂。

步骤二:打磨中涂底漆。用 P400～P500 砂纸配合 3 号打磨头研磨整个表面。如是在原子灰上喷涂的修补中涂底漆或中涂底漆有流挂时,则在抹涂打磨指示剂后先用 P320 砂纸配合手磨板整平原子灰上的中涂底漆或流挂部位,然后再抹涂打磨指示剂用 P400～P500 砂纸配合 3 号打磨头进行打磨,促使漆面更加的平整、光滑。

步骤三:检查、清洁。吹尘、除油,检查橘纹是否打磨平整,如还有橘纹,需继续打磨直至磨透。

二、技术标准与要求

1.防护用品穿戴正确;

2.干磨机使用正确,打磨头与工件接触后再起动;

3.中涂底漆前处理用 P320 砂纸配合 7(6)号双动作打磨头打磨旧涂层;

4.中涂底漆灰度值选择正确;

5.中涂底漆、环氧底漆调配比例正确,参考产品使用说明;

6.底漆喷枪选择正确,喷枪口径为 1.6mm 或 1.8mm,喷枪调整正确;

7.中涂底漆喷涂方法正确(整板喷涂要求:2 个湿层,修补喷涂要求:1 个薄层加 2 个湿层,层与层之间闪干时间合理);

8.用 P320～P500 砂纸配合手磨板和 3 号双动作打磨头打磨中涂层;

9.边角部位用灰色菜瓜布打磨;

10.打磨后中涂底漆表面平滑,打磨彻底,无露底、无橘皮、无磨穿、无划痕;

11.废弃物正确处理;

12.安全操作。

三、实训时间

1.中涂底漆前处理:20min。
2.中涂底漆、环氧底漆调配:20min。
3.中涂底漆喷涂:30min。
4.中涂底漆打磨:30min。

四、实训教学目标

1.巩固防护用品的穿戴知识;
2.了解中涂底漆的种类及作用;
3.掌握喷涂中涂底漆时喷枪的调节;
4.掌握中涂底漆调配、喷涂、干燥、打磨的技能。

五、实训器材

干磨机

空气压缩机

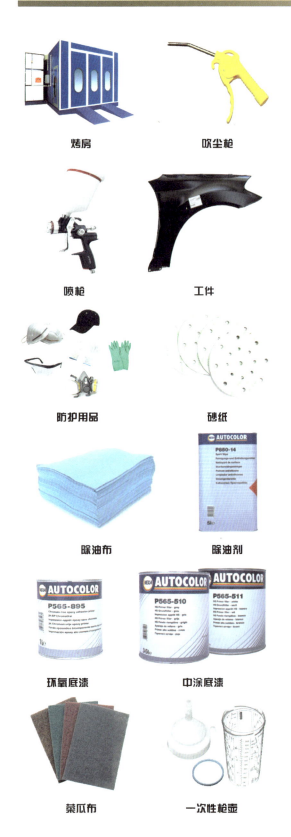

烤房　　吹尘枪　　粘尘布　　垃圾桶

喷枪　　工件

防护用品　　砂纸

除油布　　除油剂

环氧底漆　　中涂底漆

菜瓜布　　一次性枪壶

六、教学组织

1. 教学组织形式

实训教师1名,学生16名,8个工位。每个工位2名学生实训,一位学生操作,另一位学生观察、记录。

2. 学生站位分工和要求

学生按规定的工位站立,按教师的指令进行独立的操作。

3. 实训教师职责

安排学生工位,讲解操作步骤和注意事项,下达"操作开始"口令,工位巡视(检查、指导和纠正错误)。

4. 学生职责

认真完成教师布置的任务;做好课后清洁、整理工作。

七、操作步骤

操作前准备

参训学生穿好工作服、安全鞋,将操作时用到的材料与工具整齐的摆放在操作台上并以跨立的姿势等待老师下达"操作口令"。

> **提示**
>
> 上实训课必须课前穿好实训服及安全鞋,做好操作前准备,有利于安全操作和提高工作效率。

实训内容一　中涂底漆喷涂前处理
（原厂电泳层）

步骤一　清洁除油

1　除尘。

> **提示**
>
> 建议用擦除的方式除尘,避免实训间粉尘到处飞扬。

2　穿戴防护用品。

> **提示**
>
> 技术标准与要求详见项目一。

3　除油。

> **提示**
>
> （1）将除油剂均匀地喷洒在待打磨的表面上,使污物、油脂充分溶解。
> （2）用干净的除油布将除油剂擦干。

步骤二　检查板件

1　更换防护用品。

> **提示**
>
> 技术标准与要求详见项目一。

2 检查钣金件上的涂层。

提示

（1）检查钣金件上的涂层是否有损伤，并作标记。

（2）钣金件在运输过程中，表面涂层会有一定程度的擦伤，有些钣金件甚至会有钢板损伤，故在处理前，先检查、后处理。对于深划痕要打磨平顺；钣金件钢板损伤需原子灰修复。

步骤三 打磨电泳涂层

1 选择磨头、砂纸。

提示

通常电泳涂层较薄，只有 15μm 左右，很容易打磨平整，故需用 3 号打磨头配合 P240 砂纸打磨深划痕即可，其余表面涂层用 P320 砂纸打磨。

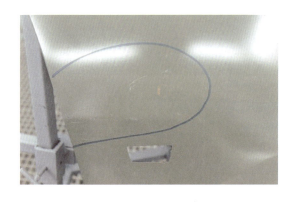

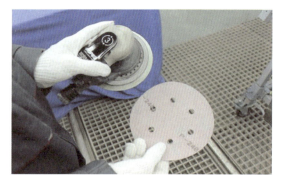

2 将砂纸贴在打磨机托盘上。

提示

砂纸的孔要与磨垫的吸尘孔对齐。

项目五　中涂底漆的施工

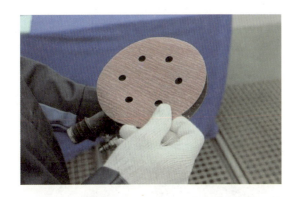

3　起动集尘系统。

> **提示**
> 将打磨机起动开关指向"AUTO"挡,即自动吸尘挡。

4　打磨损伤涂层。

> **提示**
> 打磨损伤涂层,将损伤涂层打磨至裸金属,并使涂层与裸金属过渡平顺,打磨方法可参考羽状边的打磨。

5　除尘。

6　粘贴打磨软垫。

> **提示**
> 由于翼子板表面形状较为复杂,添加软垫后,更方便打磨。

7　选择打磨砂纸。

> **提示**
> 使用3号打磨头配合P320砂纸打磨电泳层。

75

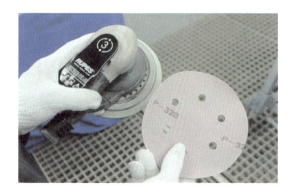

8 将砂纸粘在打磨头上。

> **提示**
>
> 砂纸的孔要与磨垫的吸尘孔对齐。

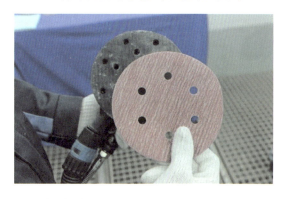

9 打磨电泳层。

> **提示**
>
> （1）务必将打磨头与工件充分接触后再起动打磨头。

（2）打磨过程中，只要将打磨头放在被打磨表面上左右移动即可，不必在磨头处施加压力，以免使打磨后涂层表面不平整及打磨过度。

（3）为提高打磨效率，打磨时应从左往右，从上往下按顺序依次打磨。对此类翼子板，可以根据筋线为界线，将打磨区域分为上、中、下三个板块。

10 机磨后的效果。

> **提示**
>
> 尽量用打磨头打磨整个电泳层，边角部位可用红色菜瓜布打磨。

项目五　中涂底漆的施工

11　用红色菜瓜布打磨电泳层。

> **提示**
>
> 对于边角部位，磨头难以打磨的区域，可选用红色或绿色的菜瓜布打磨，打磨至哑光。

12　将菜瓜布粘在打磨头上打磨电泳层。

> **提示**
>
> 通过此方法再次打磨涂层，一方面能将大部分残留在工件表面粉尘吸除，另一方面能确保整个待喷涂的底材已全部研磨。

13　用菜瓜布打磨后的效果。

> **提示**
>
> 打磨后，正面、侧面观察，整个表面涂层无光泽。

14　用无纺布擦去工件上多余的粉尘。

步骤四　清洁除油

1　更换防护用品。

77

> 💡 提示
>
> 技术标准与要求详见项目一。

2 除油。

3 电泳层打磨完毕(中涂喷涂前处理)。

> 💡 提示
>
> 要求:
> (1)表面光滑、呈哑光状,并带有一定的粗糙度,损伤的原电泳涂层与裸金属过渡平顺无台阶。
> (2)对于有露底材的区域,可以采用喷涂(刷涂)环氧底漆的方法,以起到防锈作用。由于此次翼子板露钢板处较多,故采用喷涂的方法。

4 整理工位。

> 💡 提示
>
> 操作结束后,将工作台面、操作现场清洁干净,以方便下位同学操作。

项目五　中涂底漆的施工

实训内容二　环氧底漆、中涂底漆调配

操作前准备

参训学生穿好喷漆服、安全鞋,将操作时用到的材料与工具整齐的摆放在操作台上并以跨立的姿势等待老师下达"操作口令"。

> **提示**
>
> 上实训课必须课前穿好实训服及安全鞋,做好操作前准备,有利于安全操作和提高工作效率。

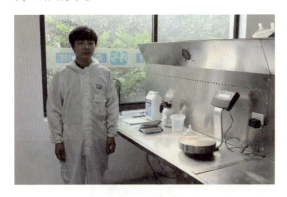

步骤一　选择环氧底漆

1 穿戴防护用品。

> **提示**
>
> 技术标准与要求详见项目一。

2 选择环氧底漆。

> **提示**
>
> 本次实操使用的是 PPG Autocolor P565-895 环氧底漆。

3 查看产品使用手册。

> **提示**
>
> 经查询,涂料、固化剂、稀释剂的比例为 4∶1∶1。

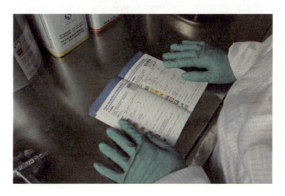

4 P565-895 环氧底漆使用说明。

P565-895 超快干无铬环氧底漆

产品特性	
用于提高裸金属(包括镀锌铁材)的附着力及防腐性。该底漆干燥迅速,并可直接在其上刮原子灰。 包装:1L	
底材	裸钢材、镀锌板材、铝材、玻璃钢、聚酯原子灰、预涂底漆和状态良好的旧漆膜

	P565-895	4份
	P210-938/939/842/8430	1份
	P850-2K 稀释剂	1份

17~20s DIN4
(22~26s BSB4)

1.3~1.6mm
1.5~2.0bar

喷1~2道单层,干膜厚度达到15~20μm

喷涂中涂底漆前需要静置5~10min
低气温下,静置时间可以更长
喷涂中涂底漆前的停留时间不得超过8h

通常无需打磨表面
如需要,在喷涂30min后使用P1200砂纸去除尘点

步骤二 调配环氧底漆

1 用专用工具打开环氧底漆罐盖。

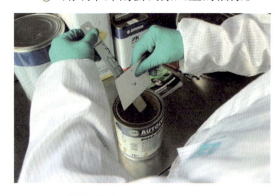

2 搅拌罐中环氧底漆。

 提示

用调漆尺将罐中的环氧底漆基料充分地搅拌均匀。

3 用纸卡片刮去调漆尺上的油漆。

5 清洗调漆尺。

提示

调漆尺使用后需立即清洗,以备下次使用。

6 将环氧底漆倒入调漆杯中。

提示

根据被涂物面积的大小倒入一定量的环氧底漆,倒油漆时仔细观察调漆杯中油漆的位置。

项目五 中涂底漆的施工

7 倒入相应比例的固化剂。

> **提示**
> 应根据施工面积及施工周围的温度来选择合理的固化剂。

8 倒入相应比例的稀释剂。

> **提示**
> 应根据施工面积及施工周围的温度来选择合理的稀释剂。（室温在15℃以下用快干稀释剂；室温在15~25℃用标准稀释剂；室温在25℃以上用慢干稀释剂。）

9 搅匀调漆杯中的环氧底漆、固化剂、稀释剂。

> **提示**
> 用调漆尺把调漆杯中的涂料充分地搅匀。

10 清洗调漆尺。

> **提示**
> 调配后立即将调漆尺用稀释剂清洗干净。

11 将喷壶壶盖盖上。

> **提示**
> 将壶盖与壶对准后用力往下压，然后以顺时针方向旋紧。

12 将喷枪装上。

> **提示**
> （1）建议用口径为1.3mm的面漆喷枪

81

喷涂环氧底漆,喷涂后漆面更加光滑、细腻。

(2)左手固定喷壶,右手持枪,将螺纹口对准后,往顺时针方向拧紧。

13 环氧底漆调配完毕。

步骤三 选择中涂底漆

1 选择中涂底漆。

 提示

本次操作使用的是 PPG Autocolor P565-510 中涂底漆。

2 查看产品使用手册。

 提示

经查询,调配比例为 5∶1∶1。

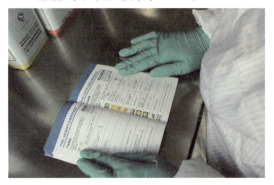

3 P565-510 环氧底漆使用说明。

P565-510/511 高固含量厚膜底漆

产品特性		
可调灰度底漆系列产品,高效增值可提供极佳之填充性、黏附性、防锈性及提高面漆明亮度。 包装:3.5L		

底材	裸钢材、玻璃钢、聚酯原子灰、预涂底漆和状态良好的旧漆膜	
	中涂	喷灰
	P565-510/511 P210-8430/844/845/842	5 份 1 份
	P850-2K 稀释剂 1 份	P850-2K 稀释剂 0.5 份
	19～26s DIN4 (24～35s BSB4)	30～35s DIN4 (41～48s BSB4)
	1.6～2.0mm 2.0bar	1.6～2.0mm 2.0bar
	施喷 2～3 层,漆膜厚度达到 80～120μm	施喷 3～4 层,漆膜厚度达到 150～200μm
	每层间隔约 5min	每层间隔 5～7min
	风干(20℃) 75～100μm　2h 150μm　　　3h 金属表面 60℃烘烤:20min	风干(20℃) 200μm　3～4h 金属表面 60℃烘烤:20min
	红外线加热:8～12min	
	干磨砂纸 P400 或 P500	
可调灰度底漆	配套 P170-5670 色母可获得不同灰度效果,详见产品说明书	

项目五　中涂底漆的施工

步骤四　调配中涂底漆

1 用专用工具打开中涂底漆罐盖。

2 用调漆尺将中涂底漆基料充分搅拌均匀。

> 提示
>
> 中涂底漆中含有较多的体质颜料，使用前必须把罐底的固体成分充分搅拌均匀，以免影响调配后的黏度及填充效果。

3 用纸卡片刮去调漆尺上的油漆。

4 清洗调漆尺。

> 提示
>
> 调漆尺使用后需立即清洗，以备下次使用。

5 将中涂底漆倒入调漆杯中。

> 提示
>
> 根据被涂物面积的大小倒入一定量的中涂底漆，倒油漆时仔细观察调漆杯中油漆的位置。

6 倒入相应比例的固化剂。

> 提示
>
> 应根据施工面积及施工周围的温度来选择合理的固化剂。

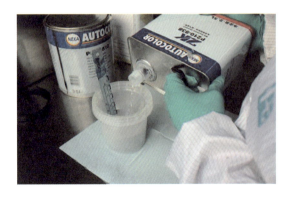

7 倒入相应比例的稀释剂。

> **提示**
>
> 应根据施工面积及施工周围的温度来选择合理的稀释剂。

8 搅匀调漆杯中的中涂底漆、固化剂、稀释剂。

> **提示**
>
> 用调漆尺把调漆杯中的涂料充分得搅匀。

9 清洗调漆尺。

> **提示**
>
> 调配后立即将调漆尺用稀释剂清洗干净。

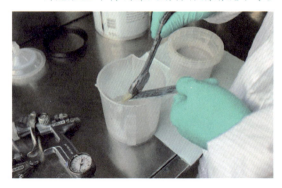

10 将喷壶盖盖上。

> **提示**
>
> 将喷壶盖与喷壶对准后用力往下压,然后以顺时针方向旋紧。

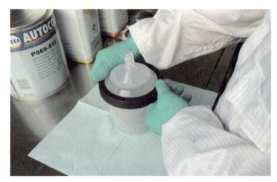

11 安装喷枪。

> **提示**
>
> 左手固定喷壶,右手持喷枪,将螺纹口对准后,往顺时针方向拧紧。

项目五　中涂底漆的施工

12 中涂底漆调配完毕。

13 清洁工作台。

> **提示**
>
> 操作结束后,需及时清洁工作台面,以方便下位同学练习。

实训内容三　喷涂环氧底漆、中涂底漆（整板喷涂）

操作前准备

参训学生穿好喷漆服、安全鞋,将操作时用到的材料与工具整齐的摆放在操作台上并以跨立的姿势等待老师下达"操作口令"。

> **提示**
>
> 上实训课必须课前穿好实训服及安全

鞋,做好操作前准备,有利于安全操作和提高工作效率。

步骤一　粘　尘

1 将粘尘布充分的展开。

2 粘尘。

> **提示**
>
> 从上往下依次轻擦整个被涂物表面,不

85

得重压粘尘布,以免将粘尘布上的树脂留在被涂物表面上,喷涂后造成漆膜缺陷。

步骤二　喷枪参数调整

1 调整喷枪出漆量。

> **提示**
>
> 对于整板喷涂,建议将出漆量调整到最大。

2 调整喷幅。

> **提示**
>
> 对于整板喷涂,建议将喷幅调整至最大。

3 调整喷涂气压。

> **提示**
>
> 对于整板喷涂,建议将气压调整到200~250kPa之间。

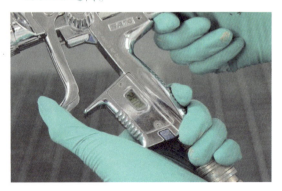

4 试枪。

> **提示**
>
> 试喷涂,查看喷枪雾化状态是否调整至最佳状态。

步骤三　喷涂环氧底漆

1 喷涂环氧底漆。

> **提示**
>
> (1) 通常环氧底漆只喷涂在露裸金属处即可,由于本操作中露裸金属区域较多,故进行整板喷涂。
>
> (2) 环氧底漆主要起到防腐蚀及提高附着力的作用,建议只需喷涂一个连续的薄

项目五 中涂底漆的施工

层即可。

（3）走枪时，在枪距不变的情况下，通过改变压枪和走枪速度来控制喷涂涂层的厚薄。

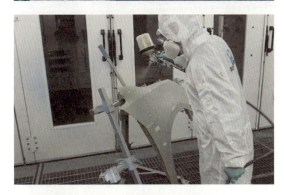

2 喷涂后的效果。

> 提示
>
> 一个连续的薄涂层，能透过环氧底漆层看到底材，即达到了防腐、增加附着力的要求，又可减少涂料的消耗，同时又能缩短闪干时间，大大提高了施工效率。

3 待环氧底漆闪干后便可喷涂中涂底漆。

> 提示
>
> 多角度观察整个涂层，当整个涂层表面呈哑光状时，便说明涂层已经闪干。

步骤四　调整底漆喷枪

1 调整底漆喷枪出漆量。

> 🛈 **提示**
> 整板喷涂，建议将出漆量调整到最大。

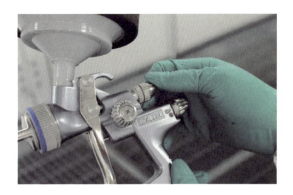

2 调整喷幅。

> 🛈 **提示**
> 整板喷涂时，建议将喷幅调整至最大。

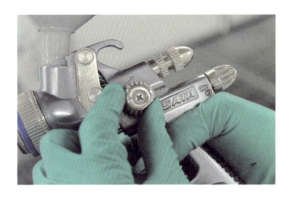

3 调整喷涂气压。

> 🛈 **提示**
> 整板喷涂时，建议将气压调整在 200～250kPa 之间。

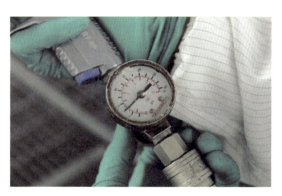

4 进行喷涂前试枪。

> 🛈 **提示**
> 查看喷枪是否调整至雾化状态最佳状态。

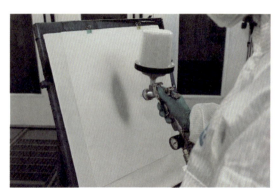

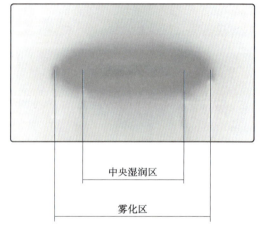

完美的喷幅图案

中央湿润区

雾化区

步骤五 喷涂中涂底漆

1 喷涂第一层中涂底漆。

提示

（1）通常中涂底漆喷涂2~3层，才能达到合理的膜厚。喷涂时，先喷涂工件的边缘，后喷涂工件的表面。

（2）由于中涂底漆主要起到填充作用，故喷涂时要注意喷涂距离不要太远，甩枪幅度不要太大，以免产生过多的飞漆，从而浪费涂料。

2 第一层中涂底漆喷涂完毕。

提示

（1）在底涂层完好的情况下，第一层中涂底漆即可以喷涂一个湿涂层。

（2）待第一层中涂底漆自然闪干后便可喷涂下一层。

3 中涂底漆完全闪干后，表面呈哑光状。

4 喷涂第二层中涂底漆。

> **提示**
> （1）第二层中涂底漆要求全湿喷涂。
> （2）喷涂后膜厚应达到70μm左右，修补喷涂膜厚最大不得超过150μm，过厚的中涂底漆，将需要更长的干燥时间，降低工作效率。

5 中涂底漆喷涂完毕。

> **提示**
> 要求漆面无漏喷、无流挂、表面光滑，以方便打磨。

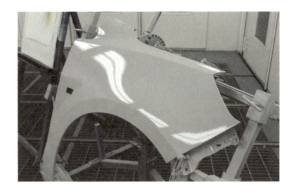

6 整理工位。

> **提示**
> 操作结束后，需及时清洁操作区域，以方便下位同学练习。

7 清洗喷枪。

> **提示**
> 双组分中涂底漆、环氧底漆在喷涂结束后需立即清洗喷枪，以备下次使用，具体清洗方法详解项目四。

项目五　中涂底漆的施工

实训内容四　喷涂中涂底漆（修补）

操作前准备

参训学生穿好喷漆服、安全鞋,将操作时用到的材料与工具整齐的摆放在操作台上并以跨立的姿势等待老师下达"操作口令"。

提示

上实训课必须课前穿好实训服及安全鞋,做好操作前准备,有利于安全操作和提高工作效率。

2 粘尘。

步骤二　喷枪调整

1 调整出漆量。

提示

对于修补喷涂,根据被涂物的喷涂面积对出漆量做一定的调整,不要全部打开,建议打开 1.5~2 圈。

步骤一　粘　　尘

1 将粘尘布充分地展开。

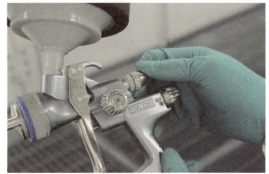

91

2 调整喷涂扇面。

> ⚠️ **提示**
>
> 对于修补喷涂,扇面的大小应根据被涂物喷涂表面的形状来调整。不得全部打开,以免喷涂范围过大。建议在试枪纸上做试喷,然后调整喷涂扇面,直至合适位置。

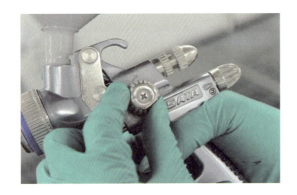

3 调整喷涂气压。

> ⚠️ **提示**
>
> 对于修补喷涂,在出漆量减少、喷涂扇面减小的情况下,必须适当的降低气压,使喷涂雾化效果最佳。

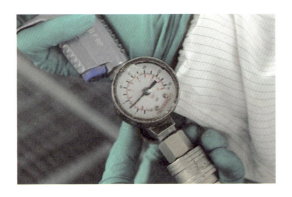

4 试枪。

> ⚠️ **提示**
>
> 在修补喷涂时,需多次调整、多次试枪,以达到最佳的喷涂效果。

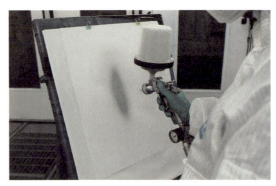

步骤三 喷涂中涂底漆

1 修补中涂底漆第一层喷涂过程。

> ⚠️ **提示**
>
> (1)修补喷涂时通常喷涂三个中涂涂层,且每一个涂层要大于或小于上个涂层。不能每次喷涂大小都一样,以免边缘过渡不佳。

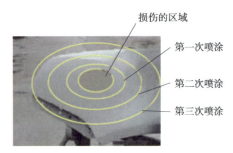

> (2)第一层是对底涂层起到封闭的作用,因此要喷得薄一些(屏蔽涂层),起到隔离的作用。不得喷涂得太厚、太湿,以免溶剂渗到旧涂层引起隆起。

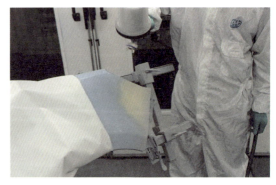

项目五 中涂底漆的施工

(3) 为达到一个薄层,走强速度加快。注意起枪与收枪的位置,避免喷涂范围过大。

(2) 喷涂范围大于第一层。

(3) 修补喷涂可采用弧形喷涂手法,使边界过渡平顺。

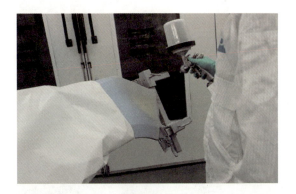

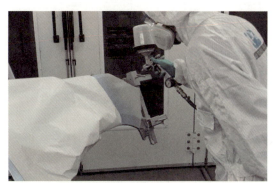

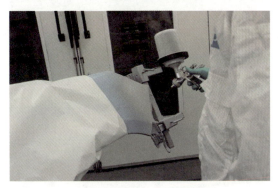

2 第一层中涂底漆喷涂后的效果。

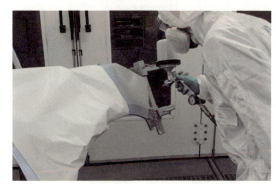

4 第二层中涂底漆喷涂后的效果。

3 喷涂第二层中涂底漆。

5 喷涂第三层中涂底漆。

 提示

(1) 第二层中涂底漆要求足够的湿润,以起到填充的作用。

 提示

(1) 待第二层中涂底漆完全闪干时,喷涂第三层中涂底漆,要求足够的湿润,以起到填充的作用。

（2）喷涂范围大于第二层。

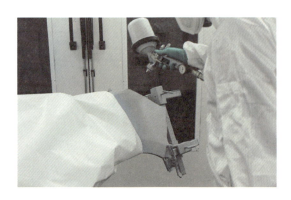

7 取下遮蔽纸后的效果。

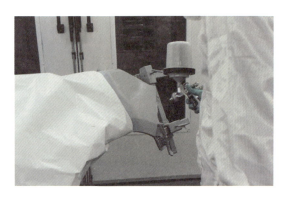

6 第三层中涂底漆喷涂后的效果。

> **提示**
>
> 修补喷涂后,要求遮蔽纸上没有明显的涂料,换言之在喷涂过程中,不得将涂料喷涂到遮蔽纸上,以免产生"硬边",出现"台阶"。

8 整理喷涂气管。

> **提示**
>
> 操作结束后,需及时清洁操作区域,以方便下位同学练习。

项目五 中涂底漆的施工

9 清洗喷枪。

> **提示**
>
> 双组分中涂底漆、环氧底漆在喷涂结束后需立即清洗喷枪,以备下次使用,具体清洗方法详解项目四。

实训内容五 中涂底漆打磨

操作前准备

参训学生穿好工作服、安全鞋,将操作时用到的材料与工具整齐的摆放在操作台上并以跨立的姿势等待老师下达"操作口令"。

> **提示**
>
> 上实训课必须课前穿好实训服及安全鞋,做好操作前准备,有利于安全操作和提高工作效率。

步骤一 打磨前作业

1 检查中涂底漆漆面。

> **提示**
>
> (1)检查漆面是否有流挂、粗糙等情况。
> (2)经检查,该中涂底漆漆面状况良好,无喷涂缺陷,故只需用P400~P500干磨砂纸打磨即可,不需要进行其他打磨、整平作业。

2 穿戴防护用品。

> **提示**
>
> 技术标准与要求详见项目一。

步骤二 打磨中涂底漆

1 抹涂打磨指示剂(炭粉)。

> ⚠ **提示**
>
> 在中涂底漆上均匀抹涂一层炭粉,以方便检查橘纹是否打磨平整。

2 选择打磨头及软垫。

> ⚠ **提示**
>
> 选择3号打磨头,增加打磨软垫后,能使砂纸更加贴合待打磨的表面,更容易将橘纹磨平。

3 粘贴打磨软垫。

> ⚠ **提示**
>
> 粘贴时将打磨软垫孔与吸尘孔对准。

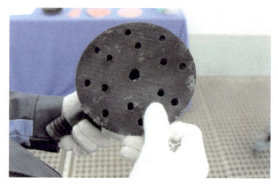

4 选择 P400 干磨砂纸。

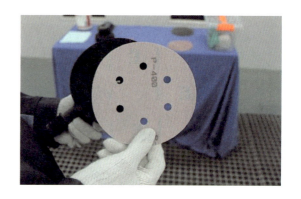

5 粘贴砂纸。

> ⚠ **提示**
>
> 粘贴时将砂纸的孔与吸尘孔对准。

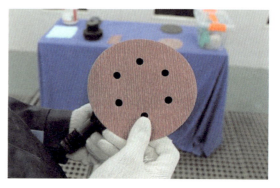

项目五　中涂底漆的施工

6　起动打磨机。

> **提示**
>
> 将打磨机起动开关指向"AUTO"挡,即自动吸尘挡。

7　用P400砂纸打磨中涂底漆。

(错误的示范,打磨软垫已经变形,说明在打磨头上施加压力,导致打磨后漆面不平整)

(正确的打磨方法,未在打磨头上施加压力)

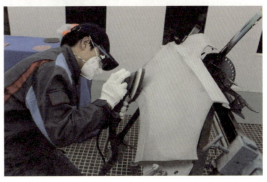

> **提示**
>
> (1)为提高作业效率,可先用P400砂纸预打磨中涂底漆,再用P500砂纸打磨中涂底漆,使打磨痕迹更加细腻。
>
> (2)先用P400砂纸打磨不但可以提高作业效率,而且还可以将中涂底漆层打磨得更加平整。该道打磨工序只要求快速的过一遍即可。注意边角部位不需要打磨。
>
> (3)打磨过程中,打磨头平放,不得在打磨头上施加压力,一方面可以避免中涂底漆打磨过度、磨穿,另一方面也可使打磨后的中涂层更加的平整。

8 用 P400 砂纸预打磨后的效果。

9 再次抹涂打磨指示剂(炭粉)。

10 用 P500 砂纸打磨中涂底漆。

提示

(1) 务必将打磨头与工件充分接触后再起动打磨头。

(2) 打磨过程中,只要将打磨头放在被打磨表面上左右移动即可,不需要对打磨头施加压力,以免使打磨后的涂层表面不平整。

(3) 打磨时应从左往右,从上往下依次打磨,对此类翼子板,可以根据筋线将打磨区域分为上、中、下三个板块。

(4) 为提高打磨效率,尽量一次打磨过的地方就符合标准,故在打磨过程中,一边打磨一边检查,避免来回多次打磨,降低工作效率。

11 手工打磨过程。

提示

(1) 打磨头难以磨到的部位、边角部位等可用 P500 砂纸手工打磨。

(2) 要求手工打磨时一定要轻,以磨去橘纹为主,不得用力打磨,以免留下过粗的砂纸痕。

项目五　中涂底漆的施工

12 用灰色菜瓜布打磨中涂底漆。

> 提示
>
> （1）打磨整个表面。
> （2）通过灰色菜瓜布的打磨，去除手工打磨留下的痕迹。

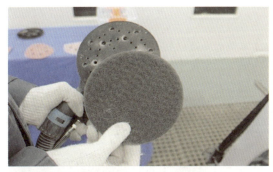

13 用无纺布擦去工件上多余的粉尘。

步骤三　清洁除油

1 更换防护用品。

> 提示
>
> 技术标准与要求详见项目一。

2 除油。

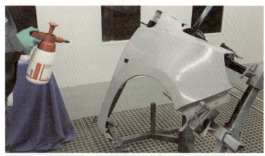

99

3 中涂底漆打磨后的效果。

> ⚠️ **提示**
>
> 要求表面光滑、橘纹磨透（无碳粉残留）、无脏污。

4 整理操作工位。

> ⚠️ **提示**
>
> 操作结束后，需及时清洁操作台面，以方便下位同学练习。

八、考核标准

中涂前处理考核评分表（满分100分）

姓名_____ 完成时间_____

考核时间	序号	项目	配分	评分标准	得分
20min	1	安全防护	18	未穿工作服（喷漆服）扣3分	
				未穿安全鞋扣3分	
				未戴防毒（尘）口罩扣3分	
				未戴防护眼镜扣3分	
				未戴工作帽扣3分	
				未戴棉纱（抗溶剂）手套扣3分	
	2	打磨过程	30	打磨前未清洁、除油扣5分	
				打磨前未检查电泳层扣5分	
				砂纸选择错误扣5分	
				打磨头选择错误扣5分	
				打磨方法不正确扣5分	
				打磨后未清洁、除油扣5分	
	3	打磨效果	40	橘纹未打磨透每处扣4分	
				缺陷部位未打磨平顺每处扣4分	
	4	5S	12	打磨完毕后物品未复位、台面未清洁扣1~12分	
		分数合计	100		

中涂底漆、环氧底漆调配考核评分表(满分100分)

姓名_____ 完成时间_____

考核时间	序号	项目	配分	评分标准	得分
20min	1	安全防护	12	未穿工作服(喷漆服)扣2分	
				未穿安全鞋扣2分	
				未戴防毒口罩扣2分	
				未戴防护眼镜扣2分	
				未戴工作帽扣2分	
				未戴抗溶剂手套扣2分	
	2	环氧底漆调配过程	40	使用前未查看使用手册扣2分	
				倒漆前环氧底漆未进行搅拌扣4分	
				调漆杯选择不正确(调漆杯直径上下不一样)扣4分	
				调漆尺选择不正确(与油漆品牌不同)扣4分	
				倒完漆后未对漆罐进行清洁扣4分	
				稀释剂型号选择不正确扣4分	
				固化剂型号选择不正确扣4分	
				环氧底漆与稀释剂、固化剂配比不正确扣4分	
				环氧底漆与稀释剂、固化剂未充分搅拌扣4分	
				调漆尺未及时清洁扣4分	
				喷枪与喷壶安装方法不正确扣2分	
	3	中涂底漆调配过程	40	使用前未查看使用手册扣2分	
				倒漆前中涂底漆未进行搅拌扣4分	
				调漆杯选择不正确(调漆杯直径上下不一样;水性漆采用金属调漆杯)扣4分	
				调漆尺选择不正确(与油漆品牌不同)扣4分	
				倒完漆后未对漆罐进行清洁扣4分	
				稀释剂型号选择不正确扣4分	
				固化剂型号选择不正确扣4分	
				中涂底漆与稀释剂、固化剂配比不正确扣4分	
				中涂底漆与稀释剂、固化剂未充分搅拌扣4分	
				调漆尺未及时清洁扣4分	
				喷枪与喷壶安装方法不正确扣2分	
	3	5S	8	调配完毕后物品未复位、台面未清洁扣1~8分	
		分数合计	100		

环氧底漆、中涂底漆喷涂考核评分表(满分100分)

姓名_____ 完成时间_____

考核时间	序号	项目	配分	评分标准	得分
30min	1	安全防护	18	未穿工作服(喷漆服)扣3分	
				未穿安全鞋扣3分	
				未戴防毒口罩扣3分	
				未戴防护眼镜扣3分	
				未戴工作帽扣3分	
				未戴抗溶剂手套扣3分	
	2	环氧底漆喷涂	12	喷涂前未粘尘扣2分	
				粘尘方法不正确扣2分	
				未调整出漆量或调整不正确扣2分	
				未调整喷幅或调整不正确扣2分	
				未调整气压或调整不正确扣2分	
				未进行试枪或试枪方法不正确扣2分	
	3	中涂底漆喷涂	10	未调整出漆量或调整不正确扣2分	
				未调整喷幅或调整不正确扣2分	
				未调整气压或调整不正确扣2分	
				未进行试枪或试枪方法不正确扣2分	
				层与层之间未充分闪干扣2分	
	4	环氧底漆喷涂效果	20	喷涂太薄,未形成一个连续薄层扣7分	
				喷涂太厚,形成湿喷扣7分	
				漏喷每处扣2分	
	5	中涂底漆喷涂效果	30	中涂流挂每处扣5分	
				中涂漏喷每处扣5分	
				表面粗糙视情况扣1~10分	
	3	5S	10	喷涂完毕后物品未复位、台面未清洁扣1~10分	
		分数合计	100		

中涂底漆打磨考核评分表(满分100分)

姓名_____ 完成时间_____

考核时间	序号	项目	配分	评分标准	得分
30min	1	安全防护	18	未穿工作服(喷漆服)扣3分	
				未穿安全鞋扣3分	
				未戴防尘(毒)口罩扣3分	
				未戴防护眼镜扣3分	
				未戴工作帽扣3分	
				未戴棉纱(抗溶剂)手套扣3分	
	1	打磨中涂底漆	20	打磨前未检查中涂底漆喷涂状况扣2分	
				未抹涂炭粉扣1分,抹涂不够均匀扣1分	
				打磨头选择错误扣2分	
				砂纸型号选择错误扣5分	
				干磨机开启不正确扣2分	
				打磨时方法不正确扣2分(打磨头未平放、打磨头运行方向不正确)	
				未使用菜瓜布打磨边角扣2分	
				菜瓜布型号选择不正确扣2分	
				打磨后未吹尘扣2分	
				未除油扣2分	
	2	打磨后效果	50	打磨未彻底每处扣5分	
				磨穿每处扣5分	
				有打磨痕迹每处扣5分	
	3	5S	12	打磨完毕后物品未复位、台面未清洁扣1~12分	
		分数合计	100		

项目六　面漆的施工

一、项目说明

1. 概述

面漆指涂于工件最外层的漆膜，是涂层组合中唯一可见的部分，起着装饰、标志、保护底材的作用。它直接与各种气候条件及有害物质接触，是阻挡侵蚀的第一层。首先，耐候性是面漆的一项重要指标，要求面漆在极端温变湿变、风雪雨雹的气候条件下不变色、不失光、不起泡和不开裂。其次，外观是面漆的另一项指标，要求漆膜外观丰满、橘皮均匀、流平好、鲜映性好，从而使汽车车身具有高质量的外观。另外，面漆还应具有足够的硬度、抗石击性、耐化学品性、耐污性和防腐性等性能，使汽车外观在各种条件下保持不变。面漆可以使汽车表面呈现出五颜六色的色彩，也可使汽车焕然一新。

2. 面漆的分类

面漆的分类方法很多，按颜色效果可分为素色漆、金属漆；按成膜方式可分为溶剂挥发型、氧化型和交联反应型；按施工工序可分为单工序、双工序和三工序等。

素色漆又称纯色漆，指油漆成分中不含颗粒颜料，常见的有白色、黑色、红色、黄色等。

金属漆顾名思义在油漆的成分中添加了金属颗粒，这些颗粒通常是铝片、云母片等。根据含量的比例不同金属漆包括纯银粉漆、纯珍珠漆、银粉漆里含有一定量珍珠和纯色漆的底色漆。纯银粉漆是由无数块不透明的灰色铝片组成，当太阳光照射到漆面上时，只能反射出单一的灰色调；而珍珠漆里含有许多不同厚度的、半透明的云母片，由于云母片自身具有半透明性，所以当太阳光照射到它上面后，会经过多次折射，最终反射出来的光束会产生多彩的效果；通常二层喷涂的金属底色漆是将珍珠色母、银粉色母和纯色色母按一定比例混合而成的，银粉颜料在底色漆内会遮挡住大部分能产生珍珠色彩效果的色母，所以珍珠色彩不明显。这类含有珍珠的底色漆在强光下才能看到珍珠效果，在暗光下只能看到银粉效果。如果在强光下看不到五颜六色的反射光，就说明漆面里不含珍珠。

单工序面漆指喷涂一种涂料即完成颜色供给及光泽的面漆。常见于素色漆，且其成膜方式为交联反应型。

双工序面漆指喷涂两种不同的涂料才

能完成颜色供给及光泽的面漆,通常是先喷涂底色漆,然后再喷涂罩光清漆。常见于金属色漆,双工序素色漆,且成膜方式为溶剂挥发型。

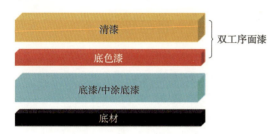

三工序面漆则更为复杂,如三工序珍珠漆通常先喷一层底色漆,以提供一定的颜色,然后再喷涂一层珍珠漆,最后再喷涂罩光清漆,三个涂层结合才能形成完整的面涂层。常见于白珍珠漆、红珍珠等,成膜方式为溶剂挥发型。

3. 水性漆

水性漆是以去离子水为主要溶剂、挥发性有机化合物(VOC)含量较低的绿色环保产品,优点是对环境、人类健康的危害比较小,且不易燃。传统的油漆则以有机溶剂为主,含有较多的挥发性有机化合物。目前,使用得较好的溶剂型底色漆 VOC 约为 750g/L,溶剂型清漆约为 560g/L,而水性底色漆的 VOC 为 100g/L。水性底色漆中所含的 VOC 为 10% 左右,而溶剂型底色漆中所含的 VOC 达 70%。

水性漆的施工工艺、施工设备因不同的品牌有所差异。相较溶剂型涂料,虽然水性漆的稀料是去离子水,自然挥发得比较慢,但其在施工过程中可以用专用的吹风筒对漆面进行强制吹干,而溶剂型涂料则不能,故漆面闪干速度远快于溶剂型涂料,从而提高了工作效率。由于水性漆的遮盖率比溶剂型涂料更好,故更加省漆,使用水性漆大约可节约 30% 涂料的用量,提高工作效率;颜色稳定性好,不易喷花,修补方便,不容易出现黑圈。

4. 面漆的施工

面漆施工是汽车修补涂装最后一个环节,也是用户评价修理质量的客观依据。因此掌握面漆喷涂过程的各种要领是汽车修补涂装作业者应具备的基本技能。以双工序金属漆为例,面漆的施工可以分底色漆调配、清漆调配、底色漆喷涂、清漆喷涂。

1)底色漆调配

(1)将底色漆充分搅拌,并按产品使用手册添加一定比例的稀释剂。稀释剂的选择因根据被涂物面积、施工周围环境温度确定使用快干、标准或者慢干。

(2)搅拌底色漆与稀释剂,使其充分混合。

2)清漆调配

(1)选择一定量的清漆,并按产品使用手册添加一定比例的固化剂、稀释剂。稀释剂、固化剂的选择因根据被涂物面积、施工周围环境温度确定使用快干、标准或者慢干。

(2)搅拌清漆、稀释剂和固化剂,使其充分混合。

3)底色漆喷涂

(1)建议选择环保省漆面漆喷枪进行喷涂作业。

(2)使用粘尘布对被涂表面进行粘尘。

(3)调整喷枪出漆量、喷幅、气压,检查

风帽,试枪,查看喷枪是否调整到最佳状态。(喷枪的调整对喷涂最终效果起着决定性的作用,非常重要。不同喷枪、不同涂料品牌、不同的施工人员都有所不同,建议查看涂料产品施工说明)。

(4)喷涂底色漆,通常是金属漆喷涂三层、素色漆喷涂两层。

第一层喷涂,根据不同颜色的遮盖效果,按30%~70%的颜色遮盖进行喷涂。第一层不能喷涂得太湿。可缩短底色漆自然闪干时间(水性漆可用吹风筒强制吹干),同时可以降低涂料的消耗。

第二层喷涂,待第一层完全闪干后,方可喷涂第二层。均匀的喷涂一个湿涂层,达到对底材100%的遮盖,起到颜色供给的作用。

第三层喷涂,待第二层完全闪干后,方可喷涂第三层。最后一层为效果层,喷涂时可加大喷枪和工件之间的距离,提高走枪速度;也可在喷涂距离、喷涂速度不变的情况下减小出漆量。该层的喷涂方法是模仿原厂漆最后一道的喷涂,对颜色匹配和最后涂层效果起到非常重要的作用。

4)清漆喷涂

(1)建议选择环保省漆面漆喷枪进行喷涂作业。

(2)调整喷枪出漆量、喷幅、气压,检查风帽,试枪,查看喷枪是否调整到最佳状态。(喷枪的调整对喷涂最终效果起着决定性的作用,非常重要。不同喷枪、不同涂料品牌、不同的施工人员,喷涂效果会有所不同,建议查看涂料产品施工说明)。

(3)清漆喷涂,待底色漆完全闪干后,方可喷涂清漆,通常喷涂二层。

第一层喷涂,中湿喷,使漆面有一定的光泽,不可太湿,可减少闪干时间,提高施工效率。

第二层喷涂,待闪干5~10min后,可用手指做指触测试(在遮蔽纸区域或不是装饰面做指触测试),待清漆不拉丝后方可喷涂第二层清漆,湿喷,使漆面光亮、饱满。

二、技术标准与要求

1. 防护用品穿戴正确。
2. 油性漆使用SATA(HVLP/RP,口径1.3mm)喷枪。
3. 水性漆使用SATA WSB(HVLP/RP,口径1.3mm)水性漆喷枪。
4. 底色漆、清漆调配比例详见产品使用手册。
5. 根据施工周围温度选择对应的固化剂、稀释剂:室温在15℃以下用快干;室温在15~25℃用标准;室温在25℃以上用慢干。
6. 使用吹风筒时,角度为45°,距被涂物表面不得小于40cm。
7. 待底色漆充分闪干后再喷涂下一层。
8. 喷涂后,底色漆不发花、无露底;清漆层光滑无流挂、无失光、饱满、纹理均匀。
9. 废弃物正确处理。
10. 安全操作。

三、实训时间

实训时间:40min。

四、实训教学目标

1. 了解面漆的作用、分类;

项目六　面漆的施工

2. 掌握底色漆喷涂技能；
3. 掌握清漆喷涂技能。

五、实训器材

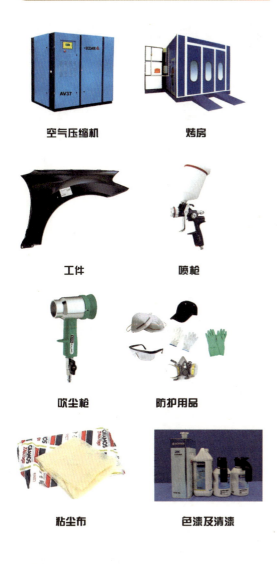

空气压缩机　　　烤房

工件　　　喷枪

吹尘枪　　　防护用品

粘尘布　　　色漆及清漆

六、教学组织

1. 教学组织形式

实训教师1名，学生16名，4个工位。每个工位4名学生实训，一位学生操作、其他学生观察、记录。

2. 学生站位分工和要求

学生按规定的工位站立，按教师的指令进行独立的操作。

3. 实训教师职责

安排学生工位，讲解操作步骤和注意事项，下达"操作开始"口令，工位巡视（检查、指导和纠正错误）。

4. 学生职责

认真完成教师布置的任务；做好课后清洁、整理工作。

七、操作步骤

操作前准备

参训学生穿好连体防静电喷漆服、安全鞋，将操作时用到的材料与工具整齐的摆放在操作台上并以跨立的姿势等待老师下达"操作口令"。

> 提示
>
> 上实训课必须课前穿好实训服及安全鞋，做好操作前准备，有利于安全操作和提高工作效率。

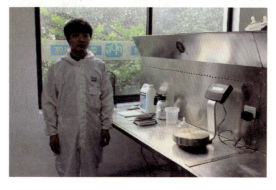

面漆喷涂（水性漆）

步骤一　水性底色漆调配

1 穿戴防护用品。

> **提示**
>
> 技术标准与要求详见项目一。

2 查看产品使用手册，并找到底色漆与稀料的比例。

> **提示**
>
> 此次实训使用的是 PPG Aquabase plus 水性底色漆，经查询，双工序银粉底色漆与稀释剂的比例为 1 : 10% ~ 15%（质量比）。

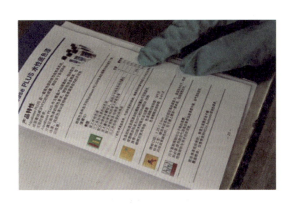

根据色漆种类不同 Aquatase FLUS 水性漆的稀释比例应参见下表：

类型	色漆	稀释剂
双工序纯色漆	1	10%
三工序珍珠漆的纯色层	1	10%
配方中银粉含量较少，远远少于纯色色母用量的	1	10%
含大量珍珠色母的双工序底色漆	1	10%
双工序银粉漆珍珠漆	1	10% ~ 15%
三工序珍珠漆的珍珠层	1	30%

（视色漆遮盖效果、气温和温度的影响。稀释剂使用量可能在 10 ~ 30 份之间浮动）

色漆的黏度会因添加的稀释剂量的不同而变化，理想喷涂黏度为 20℃时 DIN4 杯 22 ~ 26s
推荐 125μm 网眼尼龙过滤器
稀释后使用寿命：色漆调配后保存期：12 个月
　　　　　　　　色漆稀释后保存期：3 ~ 6 个月

喷枪口径：1.25 ~ 1.3mm
标准工艺：喷涂单层直到达到足够的遮盖力。层间充分闪干。喷涂闪烁效果颜色时，在干膜上喷涂一薄单层，控制银粉排列

闪干直到得到均匀干燥的漆膜。
如必要，使用助空气流通设备来加速漆膜干燥，如气流促进机、地轴架和专用手持吹风枪。

喷涂清漆或珍珠前，静置至漆膜完全干燥
覆盖喷涂：仅推荐使用 Nexa Autocolor 双组分清漆。

3 打开电子秤。

项目六　面漆的施工

4　将喷壶放置电子秤上,并按"归零"键。

5　轻轻晃动漆罐。

> **提示**
>
> 此款水性漆有抗沉淀技术,在使用时不需要搅拌,只要轻轻晃动几下即可。

6　将底色漆倒入喷壶内。

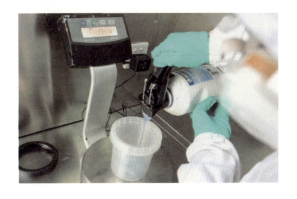

7　倒入喷壶内底色漆的质量为100g。

8　清洁浆盖。

> **提示**
>
> 每次倒完漆后需清洁浆盖。

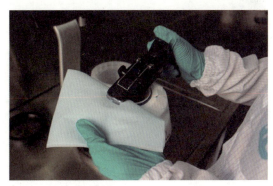

9　添加稀释剂。

10　根据产品使用手册,添加15g的稀释剂。

109

11 用调漆尺搅拌底色漆。

 提示

将底色漆与稀释剂搅拌均匀,搅拌时调漆尺可以有意地沿喷壶壁来回刮涂,使喷壶壁上的油漆也能充分的搅拌。

12 清洁调漆尺以备下次使用。

13 将喷壶盖盖上。

提示

将喷壶盖与喷壶对准后用力往下压,然后以顺时针方向旋紧。

14 将喷枪装上。

提示

左手固定喷壶,右手持枪,将螺纹口对准后,往顺时针方向拧紧。

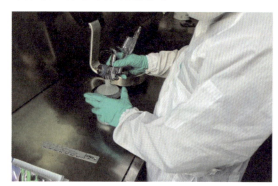

15 清洁工位。

提示

如有涂料滴在操作台面上,用稀释剂擦洗干净。

项目六　面漆的施工

步骤二　清漆的调配

1 参训学生穿好连体防静电喷漆服、安全鞋,将操作时用到的材料与工具整齐的摆放在操作台上并以跨立的姿势等待老师下达"操作口令"。

> **提示**
> 上实训课必须课前穿好实训服及安全鞋,做好操作前准备,有利于安全操作和提高工作效率。

P190-6850 2K 极品清漆

产品特性

P190-6850 是 Nexa Autocoior 面向全球高端汽车修补市场推出的高浓度高品质的顶级丙烯酸清漆产品,享有国际市场一致认可及广泛赞誉!产品镜面效果出众,令人满意,是高档修补的不二之选!

包装:5L

	标准工艺
固化剂	各种类型修补 P210-8430/844
	P190-6850　　　　2 份 P210-8430/844　　 1 份 P850-2K 稀释剂　 0%～5%
	20℃ DIN4 杯 17～18s (21～24s BSB4) 20℃混合后使用 寿命:2～4h
	1.3～1.4mm 2.0～3.0bar
	两个单层
	涂层间闪干 5～10min,烘烤前无需静置
	金属温度 60℃烘烤: 30min 可投入使用: 完全冷却
注意	按气温和修补面积的大小选用合适的固化剂或稀释剂

2 查看清漆产品使用说明。

> **提示**
> 此次实训使用的是 Autocolor 品牌 P190-6850 极品清漆。

3 将调漆尺放入调漆杯中。

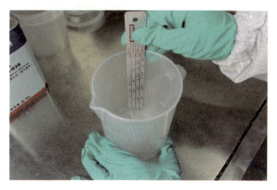

111

4 将清漆倒入调漆杯中。

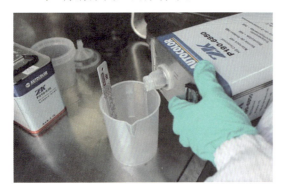

5 倒入1格的清漆量。

> ⚠ 提示
>
> 调配好的清漆经活化期后不可再用,所以,每次喷涂前需估计清漆的用量,以免造成浪费。

6 添加固化剂。

> ⚠ 提示
>
> 根据清漆产品说明书的正确比例添加固化剂。

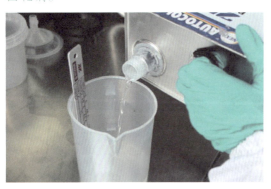

7 倒入对应的固化剂。

8 添加稀释剂。

> ⚠ 提示
>
> 根据产品使用说明书的正确比例添加稀释剂。

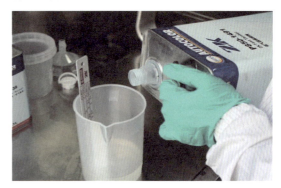

9 倒入对应的稀释剂。

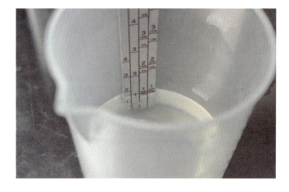

10 用调漆尺搅拌涂料。

> ⚠ 提示
>
> 将调漆杯内的清漆、固化剂、稀释剂搅

拌均匀。

11 清洁调漆尺。

> 提示
>
> 调漆尺使用后需及时清洁调漆尺,以备下次使用。

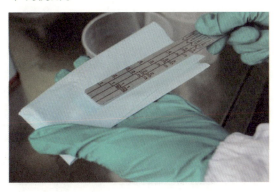

12 将调配好的清漆倒入喷壶。

13 将喷壶盖盖上。

> 提示
>
> 将喷壶盖与喷壶对准后用力往下压,然后以顺时针方向旋紧。

14 将喷枪装上。

> 提示
>
> 左手固定喷壶,右手持枪,将螺纹口对准后,往顺时针方向拧紧。

15 清洁工作台面。

> 提示
>
> 如有涂料滴在工作台面上,用抹布沾少许稀释剂擦拭。

步骤三　水性底色漆喷涂

1 做好喷涂前准备。

> **提示**
> （1）将经过前处理待被喷涂物装夹在喷涂架上，清洁除油。
> （2）查看产品使用说明，了解水性漆施工方法。

水性底色漆喷涂方法

常规颜色（遮盖力强）喷涂方法

下述方法针对 SATA jet 3000 B HVLP WSB 喷枪

喷涂方法		纯底色(除红/黄)		珍珠或银粉	
喷涂	层数	双层		双层	单层
	方式	半干	半湿	半干	半湿	雾喷
强制闪干		—	吹干	—	吹干	吹干
调枪	出漆量	打开2圈		打开2圈	打开1圈
	扇面	*打开1/4（四分之一）		*打开1/4（四分之一）	全部打开
	气压	1.3~1.5bar		1.3~1.5bar	1.1~1.2bar

* 如针对 SATA jet 4000 B HVLP WSB 喷枪时，扇面打开3/4

2 将粘尘布充分展开。

3 粘尘。

> **提示**
> 从上往下依次轻擦整个被涂物表面，不得重压擦粘尘布，以免将粘尘布上的树脂留在被涂物表面上，喷涂后造成漆膜缺陷。

4 调整喷枪出漆量。

> **提示**
> 根据产品使用说明：将出漆量调整至最大。

5 调整喷枪喷幅。

> **提示**
>
> 根据产品使用说明:将喷幅打开至 3/4。

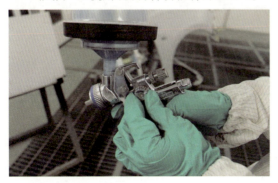

6 调整喷枪枪尾压。

> **提示**
>
> 根据产品使用说明:将气压调整至 130～150kPa。

7 检查风帽是否在最合理的位置。

> **提示**
>
> 将风帽调整至与地面平行状态。

8 进行喷幅测试。

> **提示**
>
> 测试喷幅并查看喷枪是否调整至最佳的雾化状态。

9 喷涂第一层底色漆(一)。

> **提示**
>
> 喷涂时,先喷涂工件的边缘后喷面。

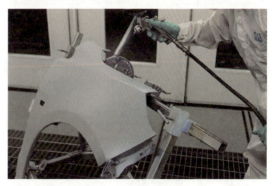

10 喷涂第一层底色漆(二)。

> **提示**
>
> 喷涂时,先喷涂工件的边缘后喷面。

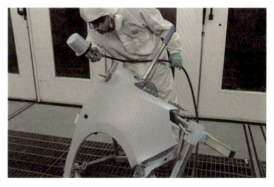

11 喷涂第一层底色漆(三)。

> 💡 **提示**
>
> 对于初学者来说,喷涂时,站立非常重要,通常持枪的手正好对准被涂物正中间位置,方便在喷涂时能兼顾工件的两头。喷枪与工件垂直,以重叠3/4的喷幅匀速地从上往下喷涂。

12 喷涂第一层底色漆(四)。

(3)所谓雾喷,就是喷涂后能透过底色漆看到底层涂层的颜色。

13 第一层底色漆喷涂完毕。

> 💡 **提示**
>
> (1)第一层底色漆为雾喷,根据底色漆颜色遮盖性能好坏来控制喷涂后的干湿程度。
>
> (2)由于水性漆遮盖率较好,故第一层不需要喷涂得太湿。

14 用吹风筒将底色漆吹干。

> 💡 **提示**
>
> (1)水性底色漆可采用吹风筒强制吹干,以减少闪干时间和提高工作效率。
>
> 注意:吹风筒与工件的距离不小于35cm,以45°角从工件的一边吹向另一边。

（2）从左往右，从上往下，依次将底色漆全部吹干。

15 喷涂第二层底色漆（一）。

> **提示**
>
> （1）待第一层底色漆完全干燥后方可喷涂第二道底色漆，先将边位未完遮盖的地方遮盖住。
>
> （2）喷涂方法与第一层相似，但此层走枪速度适当减慢，将完成颜色的供给。

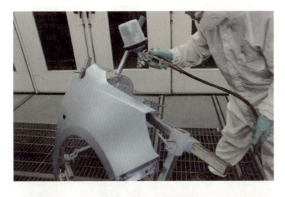

16 喷涂第二层底色漆（二）。

17 喷涂第二层底色漆（三）。

18 喷涂第二层底色漆（四）。

19 喷涂第二层底色漆（五）。

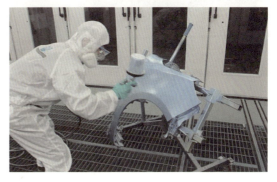

20 喷涂第二层底色漆（六）。

21 第二层底色漆喷涂完毕。

> ⚠️ **提示**
>
> 要求中湿、底色漆100%对底层涂层颜色遮盖。

22 用吹风筒将底色漆吹干。

> ⚠️ **提示**
>
> （1）吹风筒操作要求如上。

（2）吹干后，漆面层呈哑光状态。

23 喷涂第三层效果层，重新调整喷枪参数。调整出漆量。

> ⚠️ **提示**
>
> 按施工说明：将出漆量调至1圈的余量。

24 调整喷幅。

> ⚠️ **提示**
>
> 按施工说明要求，将喷幅调节旋钮全部

打开,使喷幅最大。

25 操作者调节气压。

> **提示**
>
> 按施工说明要求,将气压调整至110～120kPa之间。

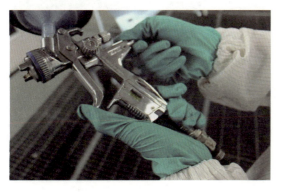

26 喷涂效果层(一)。

> **提示**
>
> 当第二层底色漆完全闪干后,可喷涂效果层。干喷,喷涂该层的目的是使喷涂银粉排列的状态与原厂漆一致。

27 喷涂效果层(二)。

> **提示**
>
> 按施工说明要求,干喷,走枪速度适当加快,压枪一定要一致,喷涂后以免起云。

28 喷涂效果层(三)。

29 喷涂效果层(四)。

30 第三层喷涂后的效果。

> **提示**
>
> (1)在未闪干的情况下即呈现出哑光

的状态,非常薄的一层。

(2)通过干喷,不但能使颜色更加接近原厂喷涂的效果,而且能使金属漆银粉颗粒感更加闪烁。

(3)如第二层底色漆喷涂后有轻微起云,也可以通过效果层来改善。

步骤四 喷涂清漆

1 检查底色漆是否完全干燥。

> 提示

(1)喷涂清漆前必须仔细多个角度观察底色漆是否完全闪干,以完全呈哑光状判断已闪干。

(2)也是采用指触的方式检查,当手指接触底色漆后,不粘手指,判断底色漆已闪干。注意应在非装饰面上进行此方法测试。

(3)通常当效果层喷涂结束后,闪干3~5min即可喷涂清漆。

2 调节出漆量。

> 提示

建议将出漆量调至最大状态。

3 调整喷幅。

> 提示

建议将喷幅调整至最大。

项目六　面漆的施工

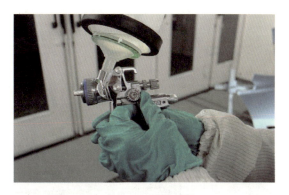

4　调节气压。

> 提示
>
> 建议将气压调整至 200kPa。

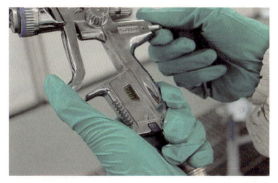

5　进行喷幅测试。

> 提示
>
> 测试喷幅并查看喷枪是否调整至最佳的雾化状态。

6　喷涂第一层清漆(一)。

> 提示
>
> 与喷涂底色漆一样,先喷涂边缘后喷面。

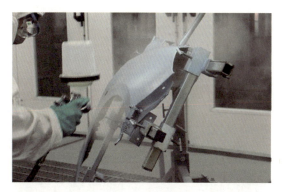

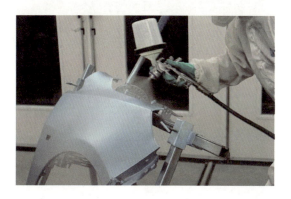

7　喷涂第一层清漆(二)。

> 提示
>
> 第一层清漆不能喷得太湿,也不能太干,通常要达到中湿的程度。
>
> 太干会导致漆面粗糙,影响光泽度。
>
> 太湿会延长漆面闪干时间,降低工作效率,且易流挂;使用油性底色漆时还极有可能致底色漆发花、起云。

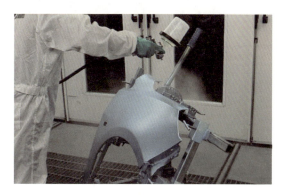

8 喷涂第一层清漆(三)。

⚠️ **提示**

喷涂时要牢记喷涂的四个要素。

9 喷涂第一层清漆(四)。

10 第一层清漆喷涂完毕。

⚠️ **提示**

（1）第一层清漆喷涂完后漆面要有一定的光泽，整体橘纹均匀。

（2）通常闪干 5～10min 后喷涂第二道清漆。

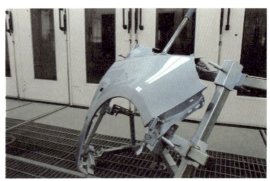

11 用指触方法判断是否可以喷涂第二层清漆。

⚠️ **提示**

（1）可以用指触非装饰面上清漆来判断是否能喷下一层清漆。

（2）当手指轻按清漆层，提起来，不会出现拉丝状态时便可喷涂下一层清漆。

项目六　面漆的施工

12 喷涂第二层清漆(一)。

> ⚠️ **提示**
> 当第一层边缘喷涂后,第二层便不需要再喷涂边缘。

13 喷涂二层清漆(二)。

14 喷涂二道清漆(三)。

15 喷涂二层清漆(四)。

16 第二层清漆喷涂完毕。

> ⚠️ **提示**
> 喷涂后表面光滑、饱满,橘纹均匀,无漏枪。

17 整理操作工位。

> ⚠️ **提示**
> 操作结束后,需及时清洁操作台面,以备下位同学练习。

123

18 清洗喷枪。

养成良好的工作习惯，喷涂结束后应立即将喷枪清洗干净，以备下次使用。

八、考核标准

面漆喷涂考核评分表（满分 100 分）

姓名_____　　完成时间_____

考核时间	序号	项目	配分	评分标准	得分
30min	1	安全防护	12	未穿工作服（喷漆服）扣 2 分	
				未穿安全鞋扣 2 分	
				未戴防毒口罩扣 2 分	
				未戴防护眼镜扣 2 分	
				未戴工作帽扣 2 分	
				未戴抗溶剂手套扣 2 分	
	2	底色漆喷涂	24	喷涂前未粘尘扣 2 分	
				粘尘方法不正确扣 2 分	
				未调整出漆量或调整不正确扣 4 分	
				未调整喷幅或调整不正确扣 4 分	
				未调整气压或调整不正确扣 4 分	
				未进行试枪或试枪方法不正确扣 4 分	
				层与层之间未充分闪干扣 4 分	
	3	清漆喷涂	12	喷涂清漆前未判断底色漆是否干燥扣 2 分	
				未调整出漆量或调整不正确扣 2 分	
				未调整喷幅或调整不正确扣 2 分	
				未调整气压或调整不正确扣 2 分	
				未进行试枪或试枪方法不正确扣 2 分	
				层与层之间未做指触测试扣 4 分	

续上表

考核时间	序号	项目	配分	评分标准	得分
30min	4	喷涂效果	40	底色漆起云发花扣1~5分	
				底色漆露底扣1~5分	
				底色漆咬底扣1~5分	
				清漆流挂扣1~5分	
				清漆失光扣1~5分	
				清漆纹理不均匀扣1~5分	
				砂纸痕扣1~5分	
				鱼眼、油点扣1~5分	
	5	5S	12	喷涂完毕后物品未复位、台面未清洁扣1~12分	
		分数合计	100		

项目七 板块内过渡的喷涂方法

一、项目说明

1. 概述

随着汽车工业的不断发展，车辆的用漆也从早期简单的素色演变成现在复杂的银粉漆、珍珠漆、幻彩漆等。高银粉、珍珠含量的涂料能使汽车外观更加闪亮、更加艳丽，提升了汽车的商品价值，但随之而来的是增加了调色、喷涂的难度。为使修补后的车漆和原车漆面颜色、纹理一致，除了依靠色漆的调配技术来实现外，同时也要运用合理的喷涂技术来保证完美的无痕修复。所以作为一名汽车修补漆的工作者，必须要掌握不同的喷涂技术。

理论上，用底色漆、清漆系统做板块修补是可以的，通常，不必喷涂到相邻的板块。但是，对于高金属颜料含量的颜色，更好地克服颜色差异的办法也许是驳口渐淡喷涂方法，以及向相邻的板块做驳口喷涂。这样的工艺比把大量时间耗费在颜色微调上显得更省时，更经济，效果更好。本项目主要以在补漆维修过程中较常见的板块内过渡作详细介绍。

2. 驳口工艺

驳口工艺就是将待修补的区域用底色漆覆盖，而周边的区域采用弧形喷涂手法用非常薄的涂层加以淡化处理，从而使修补区与非修补区有所过渡，不会形成较大色差对比，使较小的色差不被发现。在修补漆作业中采用驳口工艺通常有板块内过渡与板块间过渡两类。本项目主要以在补漆维修过程中较常见的板块内过渡作详细介绍。

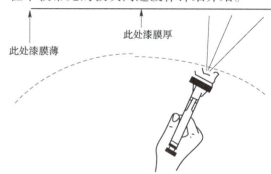

（1）喷涂前处理作业：

①用 P400/P500 干磨砂纸配合偏心距 3mm 的双动作打磨头研磨中涂底漆区域；也可用 P800/P1000 水磨中涂底漆区域。

②用 P1000～P1500 精磨砂棉和水性研磨膏配合灰色菜瓜布（混合清水）研磨除中涂底漆区域以外的整个表面。

（2）面漆喷涂工艺如下。

①需要修补的位置。	
②底色漆及驳口区域。（减低气压，以薄喷法，喷色漆于中涂底漆区域，气压 80～150kPa）	

项目七 板块内过渡的喷涂方法

③第一层清漆喷涂区域。（不建议整板喷涂）	
④第二层清漆喷涂区域。（整板喷涂）	

二、技术标准与要求

1. 防护用品穿戴正确；
2. 干磨机使用正确，打磨头与工件接触后再起动；
3. 用 P320～P500 砂纸配合手磨板和 3 号双动作打磨头打磨中涂底层；
4. 边角部位用灰色菜瓜布打磨；
5. 用 1000 号精磨纱棉、水性研磨膏研磨旧涂层；
6. 打磨后被涂物表面平整、无橘皮、无磨穿、无划痕、呈哑光状；
7. 废弃物正确处理；
8. 安全操作。

三、实训时间

实训时间：40min。

四、实训教学目标

1. 了解驳口工艺的作用；
2. 掌握板块内过渡驳口前处理的技能；
3. 掌握板块内过渡驳口喷涂的技能。

五、实训器材

干磨机

空气压缩机

烤房

气枪

喷枪

工件

防护用品

砂纸

除油布

除油剂

菜瓜布

粘尘布

水性研磨膏

炭粉

油漆　　垃圾桶

六、教学组织

1. 教学组织形式

实训教师 1 名,学生 16 名,4 个工位。每个工位 4 名学生实训,一位学生操作、其他学生观察、记录。

2. 学生站位分工和要求

学生按规定的工位站立,按教师的指令进行独立的操作。

3. 实训教师职责

安排学生工位,讲解操作步骤和注意事项,下达"操作开始"口令,工位巡视(检查、指导和纠正错误)。

4. 学生职责

认真完成教师布置的任务;做好课后清洁、整理工作。

七、操作步骤

操作前准备

参训学生穿好工作服、安全鞋,将操作时用到的材料与工具整齐的摆放在操作台上并以跨立的姿势等待老师下达"操作口令"。

> 提示
>
> 上实训课必须课前穿好实训服及安全鞋,做好操作前准备,有利于安全操作和提高工作效率。

实训内容一　驳口前处理

步骤一　中涂底漆处打磨

1 穿戴防护用品。

> 提示
>
> 技术标准与要求详见项目一。

项目七　板块内过渡的喷涂方法

2　检查工件表面涂层。

> ⚠ **提示**
> 检查涂层表面是否有缺陷或划痕。如有需修复。

3　选择 P320 干磨手刨砂纸。

4　将砂纸粘在手刨上,吸尘孔对准。

5　抹涂打磨指示层(炭粉)。

6　起动打磨机。

> ⚠ **提示**
> 将打磨机启动开关指向"MAN"挡,即自动系统常开。

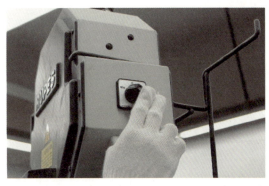

7　整平中涂底层。

> ⚠ **提示**
> 由于底材上有原子灰作业,故需用手刨

配合 P320 干磨砂纸对中涂底层进行整平打磨，使原子灰边缘的涂层更加平整。

10 粘贴打磨软垫。

8 用 P320 干磨砂纸打磨后的效果。

 提示

要求：整平，范围在中涂喷涂范围之内。

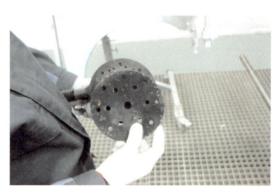

11 选择 P400 干磨砂纸及 3 号打磨头。

9 再次抹涂打磨指示剂。

12 粘砂纸。

提示

要求：砂纸吸尘孔与打磨头吸尘孔对准。

项目七 板块内过渡的喷涂方法

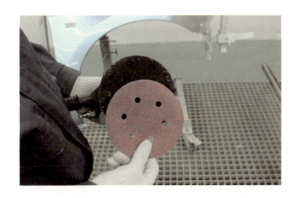

13 调整打磨机吸尘模式。

> **提示**
>
> 将打磨机起动开关指向"AUTO"挡,即自动吸尘挡。

15 用 P400 干磨砂纸打磨后效果。

> **提示**
>
> 要求:用 P400 干磨砂纸打磨后去除 P320 砂纸打磨后的痕迹。

14 用 P400 干磨砂纸打磨中涂底漆。

> **提示**
>
> (1)打磨范围稍大于上层打磨范围,将中涂底漆与旧涂层的过渡区打磨平顺。
> (2)打磨方法详见项目五。

16 再次抹涂打磨指示剂。

17 选择 P500 干磨砂纸。

18 粘砂纸。

19 用 P500 干磨砂纸打磨中涂底漆。

⚠️ **提示**

（1）打磨头与工件接触后再起动打磨头。

（2）打磨方法与用 P400 砂纸打磨相似。

（3）打磨范围稍大于上层打磨范围，将中涂底漆与旧涂层的过渡区打磨平顺。

（4）去除 P400 砂纸研磨后的痕迹。

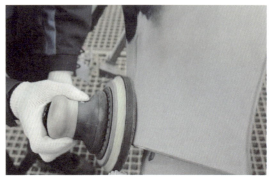

20 用灰色菜瓜布研磨边角部位。

21 用无纺布擦去工件表面打磨后残余粉尘。

22 中涂底漆层研磨后的效果。

> **提示**
>
> （1）要求中涂底漆层表面光滑、无橘纹，与旧涂层过渡平顺。
> （2）打磨范围合适，要求超过喷涂中涂底漆前用P320号干磨砂纸研磨的区域。

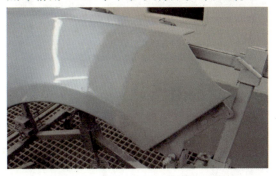

步骤二　驳口区域打磨

1 更换防护用品。

> **提示**
>
> 技术标准与要求详见项目一。

2 选择1000号精磨砂棉。

3 将精磨砂棉粘在磨垫上。

4 在精磨砂棉上洒上适量的水。

> **提示**
>
> 只需将精磨砂棉湿润即可，不可用太多的水。

5 将打磨机吸尘功能关闭。

6 打磨。

> **提示**
>
> (1) 驳口处理的方法有很多,建议用精磨砂棉配合打磨头进行机磨,效率高。
> (2) 通过研磨使旧涂层最外层的清漆层橘纹打磨平整,使涂层有一定的附着力,但不得将清漆磨穿。

8 清洁。

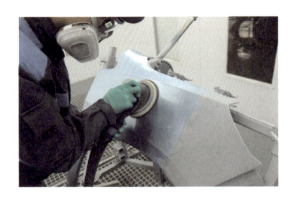

9 除油。

7 用精磨砂棉打磨后的效果。

项目七　板块内过渡的喷涂方法

10 检查。

> **提示**
>
> 仔细检查打磨后的表面,是否还有光泽、橘纹等。

11 面漆前处理完毕。

> **提示**
>
> 要求:
> (1)整个表面呈哑光状。
> (2)中涂底漆与旧涂层过渡平顺、无台阶。
> (3)中涂底漆层不得磨穿露出原子灰或钢板,如磨穿需重新喷涂中涂底漆。
> (4)表面无油污等杂质。

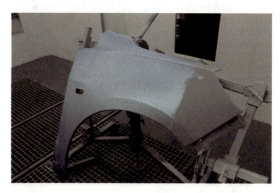

12 整理工位。

> **提示**
>
> 操作结束后,将操作台面清洁干净,以方便下位同学操作。

实训内容二　板块内驳口施工（水性底色漆）

操作前准备

参训学生穿好喷漆服、安全鞋,将操作时用到的材料与工具整齐的摆放在操作台上并以跨立的姿势等待老师下达"操作口令"。

> **提示**
>
> 上实训课必须课前穿好实训服及安全鞋,做好操作前准备,有利于安全操作和提高工作效率。

步骤一　粘　尘

粘尘。

> **提示**
>
> 详见项目六。

步骤二 喷枪调整

1 调整喷枪出漆量。

提示

建议打开2圈(不同品牌涂料及喷枪,各参数调整有所区别,详见各产品说明)。

2 调整喷枪喷幅。

提示

建议打开3/4(不同品牌涂料及喷枪,各参数调整有所区别,详见各产品说明)。

3 调整喷枪喷涂压力。

提示

建议130~150kPa(不同品牌涂料及喷枪,各参数调整有所区别,详见各产品说明)。

4 检查风帽是否在规定位置。

项目七　板块内过渡的喷涂方法

5 试枪检查喷枪是否调整合适。

3 用吹风筒将底色漆吹干。

步骤三　底色漆驳口喷涂

1 喷涂第一层底色漆。

> 💡 **提示**
> 采用弧形喷涂的方法,在中涂底漆层上喷涂一个薄层。

4 喷涂第二层底色漆。

> 💡 **提示**
> （1）待第一层底色漆充分吹干后,便可喷涂第二层底色漆。
> （2）要求喷涂范围大于第一层喷涂的范围。
> （3）同样在驳口处采用弧形喷涂的方法,使底色漆颜色渐淡过渡。从而使修补区与未修补区域的颜色相接近。

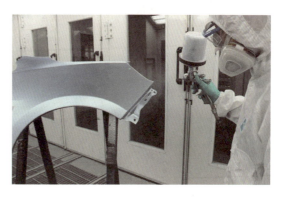

2 第一层底色漆喷涂后效果。

5 第二层底色漆喷涂后的效果。

> **提示**
>
> 要求中湿,将中涂底漆层完全遮盖。

6 用吹风筒将底色漆吹干。

7 重新调整出漆量。

> **提示**
>
> 建议在喷涂第三层效果层时,将出漆量调整至1圈。(不同品牌涂料及喷枪,各参数调整有所区别,详见各产品说明)

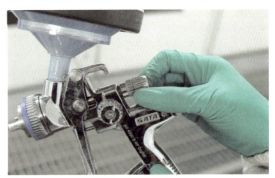

8 重新调整喷涂扇面

> **提示**
>
> 建议在喷涂第三层效果层时,将喷涂扇面全部打开。(不同品牌涂料及喷枪,各参数调整有所区别,详见各产品说明)

项目七 板块内过渡的喷涂方法

9 重新调整喷涂气压。

> **提示**
>
> 建议在喷第三层效果层时,将气压调整至 110~120kPa(不同品牌涂料及喷枪,各参数调整有所区别,详见各产品说明)。

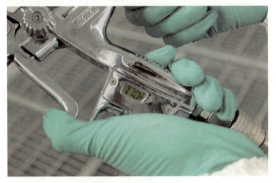

10 喷涂第三层底色漆。

> **提示**
>
> (1)在底色漆喷涂的区域喷涂一个薄层,使银粉的颗粒更加闪烁,更加接近原厂涂装工艺,达到颜色的匹配。
>
> (2)干喷,喷涂完毕后无光泽,呈哑光状。

11 底色漆喷涂后的效果。

> **提示**
>
> 修补区域与旧涂层融为一体。

步骤四 清漆喷涂

1 调整清漆喷枪出漆量。

> **提示**
>
> 建议打开 2.5 圈。

2 调整清漆喷枪喷幅。

⚠️ 提示

建议全部打开。

3 调整清漆喷枪喷涂气压。

⚠️ 提示

建议调整至 200~250kPa。

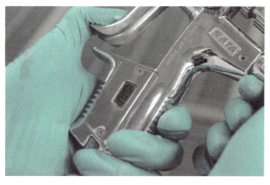

4 喷涂第一层清漆。

⚠️ 提示

第一层清漆以遮盖修补区域的底色漆为主,不需要整板喷涂。

5 第一层清漆喷涂后的效果。

⚠️ 提示

要求有一定的光泽度,但不需要湿,以免影响闪干时间,降低施工效率。

6 喷涂第二层清漆。

⚠️ 提示

(1) 待闪干 5min 后便可喷涂第二层

清漆。

（2）要求对整个表面进行喷涂。

7 第二层喷涂后的效果。

⚠️ 提示

要求漆面饱满、橘纹均匀、无流挂。

8 整理操作工位。

⚠️ 提示

操作结束后，需及时清洁操作台面，以方便下位同学练习。

八、考核标准

驳口前处理考核评分表（满分100分）

姓名_____ 完成时间_____

考核时间	序号	项目	配分	评分标准	得分
30min	1	安全防护	18	未穿工作服(喷漆服)扣3分	
				未穿安全鞋扣3分	
				未戴防尘(毒)口罩扣3分	
				未戴防护眼镜扣3分	
				未戴工作帽扣3分	
				未戴棉纱(抗溶剂)手套扣3分	
	1	打磨中涂底漆、旧涂层	20	打磨前未检查旧涂层及中涂底漆喷涂状况扣2分	
				未抹涂炭粉扣1分，抹涂不够均匀扣1分	
				打磨头选择错误扣2分	
				砂纸型号选择错误扣3分	
				干磨机开启不正确扣2分	
				打磨时方法不正确扣2分（打磨头未平放、打磨头运行方向不折正确）	
				未使用菜瓜布打磨边角扣2分	
				菜瓜布型号选择不正确扣2分	
				旧涂层研磨砂纸选者错误扣2分	
				未除油扣2分	
	2	打磨后效果	50	中涂底漆区域还有橘纹每处扣2分，共10分，扣完为止	
				旧涂层区域还有橘纹每处扣2分，共10分，扣完为止	
				磨穿每处扣5分，共15分，扣完为止	
				有打磨痕迹每处扣5分，共15分，扣完为止	
	3	5S	12	打磨完毕后，物品未复位、台面未清洁扣1~12分	
		分数合计	100		

驳口喷涂考核评分表（满分100分）

姓名_____   完成时间_____

考核时间	序号	项目	配分	评分标准	得分
30min	1	安全防护	18	未穿工作服（喷漆服）扣3分	
				未穿安全鞋扣3分	
				未戴防尘、防毒口罩扣3分	
				未戴防护眼镜扣3分	
				未戴工作帽扣3分	
				未戴棉纱、抗溶剂手套扣3分	
	2	底色漆过渡施工	14	喷涂前未粘尘扣2分	
				粘尘方法不正确扣2分	
				未调整出漆量或调整不正确扣2分	
				未调整喷幅或调整不正确扣2分	
				未调整气压或调整不正确扣2分	
				未进行试枪或试枪方法不正确扣2分	
				闪干时间不足扣2分	
	3	清漆施工	8	未调整出漆量或调整不正确扣2分	
				未调整喷幅或调整不正确扣2分	
				未调整气压或调整不正确扣2分	
				闪干时间不足扣2分	
	4	面漆效果	48	有修补痕迹扣1~20分，酌情扣分	
				底色漆发花扣1~10分	
				清漆流挂扣1~10分	
	5	5S	12	打磨完毕后，物品未复位、台面未清洁扣1~12分	
		分数合计	100		

项目八 颜色的微调

一、项目说明

1. 概述

汽车漆的颜色通常由多种不同颜色的色母相互混合调配而成,且汽车在日常使用过程中,随着漆面老化、褪色等问题,汽车漆颜色也在不断地变化。这对从事汽车修补漆作业人员在颜色调配方面提出了更高要求。从理论上来说修补调色能达到与原厂漆颜色完全一致,但在实际操作中却存在一定的难度,涂料原材料不同、生产批次不同、操作人员不同等都会造成颜色的差异。但调配后的颜色必须与原厂漆颜色要达到一定接近程度才可通过喷涂技术来达到最佳的颜色效果。

调色是一种综合性的技能,它不仅要求作业者的眼睛要有敏锐的色感及辨色能力,更重要的是,根据你所看到现象,运用所学的颜色知识,选出正确的色母,完成调色工作,所以要成为一个合格的调漆工作者,必须要掌握颜色的基本理论知识、调色的基本规律和技能。

2. 颜色基础理论

1)影响颜色的三个要素

人们要感知到颜色,必须要具备三个要素:即光源、观察者(眼睛)和物体,换言之,这也是我们看到和分辨出颜色必不可少的条件,缺一不可。

光源。俗话说没有光就没有颜色,光源一般指的是发光体,常见的主要有太阳光、白炽灯、荧光灯等。太阳光是调色过程用到的最佳光源,其包含了所有的可见光,它是衡量其他光源的标准。通常车辆颜色多数情况下是在太阳光光线下被看到,所以在调色时应在太阳光的光线下进行颜色对比,尽量避免在雨天或阴天进行调色。由于每一天、同一天不同时段的光线都有强弱之分,建议在日出后2h或日落前2h之间进行调色作业。有条件的话也可使用专用的配色灯箱进行调色对比,以便正确地辨别颜色差异。

通常钣喷车间内使用的光源多为白炽灯和荧光灯,白炽灯光带有更多的黄光、橙光和红光,而荧光灯带有紫光和红光,在这些光源下进行颜色对比时会造成颜色调配不准确。

当一束白光通过三棱镜后会形成红、橙、黄、绿、青、蓝、紫的有色光带,这便是光

项目八　颜色的微调

谱,颜色从紫到红。人类的眼睛能看到光谱中波长在 380～780nm 的光线,我们常称其为可见光谱。

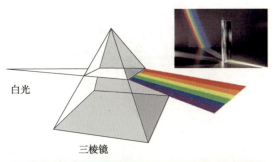

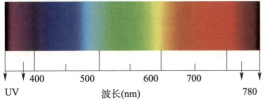

眼睛。人眼具有三种神经纤维:感红、感绿和感蓝,并由此合成多种色感,据有关数据表明,人的眼睛能辨别出 1000 万种颜色。视觉正常的人,可以用红绿蓝三原色光混合匹配出光谱上的各种颜色。但每个人的眼睛对颜色的感受灵敏度都有差别。同样一个颜色,有些人感受到颜色会偏红,还有些会偏蓝。随着年龄的增长,眼睛的倦怠与病痛会影响人的色感。

有色觉缺陷的人不能分辨颜色,如色盲、色弱,均不适宜从事调色工作。据有关数据表明,女性从事调色工作较多,主要由于女性色盲的患病率低,且女性对颜色的辨认度比男性更加敏感。

物体:物体是观察的对象,当光源照射到物体表面上时,物体对照射到其表面的光线有反射、吸收、透射三种反应,将不同频率或波长反射到人眼睛。当我们看到一个有颜色的物体时,实际上是除了这种颜色外,这个物体将其他所有的光都吸收了,简单地说物体的颜色就是其反射光线色。例如:当我们看到的物体是黑色时,说明该物体将所有的光吸收了;反之,当该物体反射了所有的光时,我们看到的是白色;当所有的光都透过这个物体时,那我们看到的是无色的透明体。

2) 颜色的三个属性

通常人们按照他们视觉感受来描述一个颜色,经常听到这样的描述:宝石蓝、月光银、珍珠白等。但对于调色,这样的描述很难对该颜色有一个明确的定义,而且容易与其他颜色混淆。为了确定一个颜色,减少调色时混淆,用三个颜色属性特性来描述一个颜色:即色相、明度、彩度。

色相。色相也称为色调,是指色彩的相貌,也是区别色彩的名称或色彩的种类,而色相与色彩的明暗无关。这一个特性使我们可将物体描述为红色、橙色、黄色、绿色、蓝色、紫色,色彩中最基本的颜色是红色、黄色、蓝色(颜色混合原理),它们也称为"三原色"或"三基色"。三原色无法通过其他颜色混合而获得,而其他颜色都可以用这三种颜色通过不同比例的混合而获得。在修补漆行业配色中我们使用的是减色混合原理,通过减色混合,三原色可以产生次级色,次级色则可以再生三级色。

次级色:由任意两个原色组成。

145

三级色：由任意两个次级色混合组成。

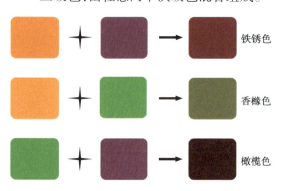

铁锈色

香橼色

橄榄色

将这些显著不同的色相相互排列可以组成一个色环，沿着色环的周边每向前一步，色相都会产生变化。

互补色：在色环中，两个相互对应的颜色称为互补色。如果互补色相加，将减弱对方颜色，变灰、变黑。

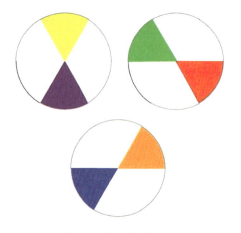

由以上多图可知，当混合的基色越多，颜色就变得更深更浑浊。当三原色等量相加后则会变为黑色。

红 + 黄 + 蓝 = 黑

明度。明度是指色彩的明暗深浅程度，明度的深浅，要看其接近白色或灰色的程度而定，越接近白色明度越高，越接近灰色或黑色，其明度越低。它的定义为反射光的总量与入射光的总量之比。

浅　明度　深

彩度。彩度指颜色的鲜艳程度，也称为色彩的饱和度。比较彩度一般需要在同一色相和明度的颜色下比较。彩度常用高、低、鲜艳、浑浊来描述，彩度越高，色越纯，越艳；彩度越低，色越涩，越浊。

高　彩度　低

3. 汽车颜色获取

目前，汽车修补漆颜色获取的方法有很多，常见的有盲调（凭经验）、色卡对比法、查找原车涂料颜色编号及使用测色仪辨别原车颜色等。

盲调。该调配方法在市面小规模的调漆店最为常见，为汽车修补漆调漆最高境界，就是依据配色规律和长期积累的经验，识别出原车颜色是由哪种主色和哪几种副色组成，配比大约是多少，操作者应具备丰富的调色经验。但通常这种调配出来的漆颜色匹配度一般不高，容易出现同色异构现象，该方法一般用于对涂装质量要求不高的车身部位。

色卡对比法。色卡对比法是使用专用比色色卡组与原车颜色进行反复对比，找出与原车颜色最接近的色卡。特别要注意，比色时必须在光线充足的地方或标准的光源下进行。同时，为了避免因色卡与车身比色区域的面积大小不同而产生的视觉误差，可将原车的比色区域遮盖，留出一块与色卡面积相同的缺口。

查找原车涂料颜色编码。查找汽车铭牌上的色号，通过涂料供应厂商的配方光盘或网络在线查色以获取原车的颜色配方。大部分乘用车车身都印制有一个颜色编号的漆码，通过漆码可以获得原厂漆颜色。通过涂料供应厂家提供的原厂色配方以减小修补色与原车色的差别。

测色仪辨别原车颜色。测色仪是专门分析车身涂层颜色的电子装置，主要由光源、单色器、积分球、光电桥检测器及数据处理器等组成，可以测出涂层的光谱反射率曲线，通过库贝尔卡－芒克配色理论计算出涂层颜色的三刺激值（色调、饱和度、明度），再由计算机配色软件进行配色。

4. 调色流程

作为汽车修补漆工艺中最难的调色作业，为使调配后的颜色尽可能地接近原车，在作业时必须要规范操作，严格遵守调色时各个注意事项。下图为调色作业时的基本流程图。

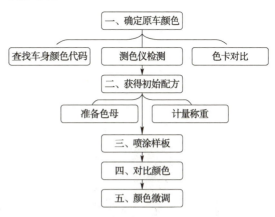

步骤一　确定原车配方。

在实际调色过程中，根据车漆不同情况选者不同的配方查找方法，通常待修补车辆还是原厂漆时，可用查找车身颜色代码来确定初始配方,更为准确;如汽车漆已经有过修补或找不到颜色代码,便可用色卡对比找出最接近的色卡颜色来确定初始配方,较为便捷;当无法用前两种方法获得初始配方的时候,便可用测色仪检测以获得初始配方。

步骤二 获得初始配方。

车身颜色代码。在涂料供应厂家的官方网站或配方查询光盘查询,即输入车色代号、汽车生产商、生产年份、车型等信息,便可快速地找到修补车辆的颜色配方。以此配方作为起点,进行颜色微调,可以节省很多时间。

色卡。多数色卡都有编号,可直接在涂料供应厂家提供的软件中输入即可获得颜色配方;部分涂料品牌在色卡背面就写有配方。

步骤三 喷涂试板。

喷涂试板非常重要,可大大降低颜色的不准确性。金属漆在干、湿两种状态下会存在颜色不一致的现象,水性漆变化更大,不同的设备、不同的施工工艺都会造成颜色不一致,故需按标准工艺喷涂试板,在试板干燥的情况下进行比色;相较金属漆,素色漆不存在正/侧面的变化,且喷涂工艺对颜色影响不大,可通过试板施涂的方法进行比色。通常金属漆干燥后颜色会变浅;素色漆干燥后颜色会变深。在制作试板和喷涂试板时要注意以下几点:

①试板的面积大小合适,通常尺寸是10cm×15cm。

②喷涂试板时应采用不同的喷涂方法,以衡量能否通过调整喷涂手法使颜色相匹配,但必须保证喷涂车身能够采用同样的喷涂手法,即喷涂试板的手法与喷涂车身的喷涂条件必须保证一致,喷涂工具也必须一致。

步骤四　对比颜色。

将喷好的试板干燥后与车身做比较,颜色符合就可施工,颜色不符合就要进行微调,对色时要注意以下几点:

①将汽车停在光线充足的地方下进行比色,避免出现条件等色,一般在实际调色中通常在厂房内和厂房外两个地方比色。

②观察颜色的角度将影响比色、调色的精确度。比色时应从多个角度观察,从正、侧面分析颜色是否一致。微调时,正、侧面只能保证某一面颜色一致时,应尽量选择侧面的颜色一致。

③比色时,充分考虑修补区域影响的因素:老化、失光、氧化的因素。一般在比色前先将修补区周围漆面进行抛光后再进行。

比色工序在微调前非常的重要,只有在比色过程中准确地发现配方板与车身颜色的差别,才可为微调提供依据。比如:以下列两块样板为例,其中目标板表示汽车车身的颜色,配方板表示配方查询到的颜色。根据颜色的三个属性分别对比两块色板在色调、明度、彩度上的差异,如金属漆还需从正面、侧面观察三个属性的变化及金属颗粒是否一致。而素色漆通常不考虑正、侧面的变化。

色调方面,通常可以用偏红、偏橙、偏黄、偏绿、偏蓝、偏紫,来描述两个色板之间的差异。如上图两个色板:目标板比配方板更蓝、偏蓝。通常一个颜色只偏向色环中相邻的两个色相。如红色,偏橙或偏紫;黄色,偏橙或偏绿。但对于像白色、黑色、白银等无彩色,在色调上可以偏向任何一个颜色,故在调色过程中这些颜色最难调。

明度上,通常可用更深、浅、明度高、明度低,来描述两块色板之间的差异。如上图两个色板:目标板比配方板更深,明度低。

彩度上,通常可用鲜艳、浑浊、干净、脏,来描述两块色板之间的差异。如上图两个色板:目标板比配方板浑浊。

为方便微调,我们可以用一个表格来记录观察的结果。

素色漆比色观察记录表

颜色编号	××××				
观察:比较配方颜色与车身颜色 目标板比配方板: 色相:__偏蓝(偏红、偏紫、偏绿、偏橙、偏黄)__ 明度:__明度高(明度低)__ 彩度:__浑浊(鲜艳)__					
色母代号	给予配方0.1L	试验配方1	试验配方2	试验配方3	最终配方
色母1					
色母2					
色母3					
色母4					

金属漆观察记录表

颜色编号	××××				
正面观察:比较配方颜色与车身颜色 目标板比配方板:					
色相:<u>偏蓝(偏红、偏紫、偏绿、偏橙、偏黄)</u>			明度:<u>明度高(明度低)</u>		
彩度:<u>浑浊(鲜艳)</u>			颗粒:<u>颗粒大(颗粒小、相似)</u>		
侧面观察:比较配方颜色与车身颜色 目标板比配方板:					
色相:<u>偏蓝(偏红、偏紫、偏绿、偏橙、偏黄)</u>			明度:<u>明度高(明度低)</u>		
彩度:<u>浑浊(鲜艳)</u>			颗粒:<u>颗粒大(颗粒小、相似)</u>		
色母代号	给予配方0.1L	试验配方1	试验配方2	试验配方3	最终配方
色母1					
色母2					
色母3					
色母4					

步骤五 颜色微调。

在确定两块色板之间的差异后,便可进行微调。通常有两种微调的方法:减量法和加量法。

减量法:根据初始原配方,减去配方中某些色母的质量进行颜色调整。

加量法:根据初始配方,向涂料中添加所需的色母进行颜色调整。

当配方板比目标板更深、更浑浊时,可采用减量法进行微调;反之,当配方板比目标板更深、更浑浊时,可采用加量法进行微调。

如上图两个色板,需采用加量法进行微调。目标板缺什么就加什么,先调整三个属性中最明显的色调属性,需添加蓝色色母。当蓝色色母添加后,不但改变了色调,彩度和明度也会作相应的变化,再进行试板喷涂、比色、微调循环作业,直至颜色接近。

差异板2 目标板

二、技术标准与要求

1. 防护用品穿戴正确;
2. 初始配方索取方法正确;
3. 计量色母方法正确;
4. 试板喷涂、比色方法正确;
5. 查看色母挂图并合理添加色母;
6. 喷枪选择正确;
7. 底色漆调配比例正确,清漆调配比例正确;
8. 废弃物正确处理;
9. 安全操作。

配方板 差异板1

三、实训时间

实训时间:40min。

项目八 颜色的微调

四、实训教学目标

1. 了解颜色理论的相关知识；
2. 了解颜色微调的流程；
3. 掌握利用不同工具获取汽车颜色的方法；
4. 掌握试板喷涂的要求与技能；
5. 掌握素色漆及简单金属漆颜色微调的技能。

五、实训器材

防护用品

色母

色母挂图

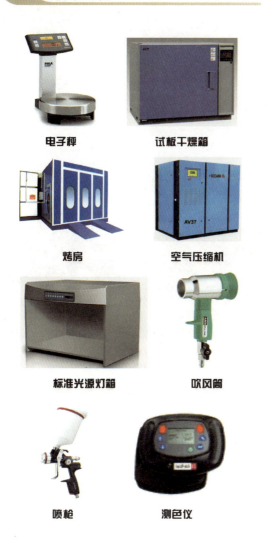
电子秤　　试板干燥箱
烤房　　空气压缩机
标准光源灯箱　　吹风筒
喷枪　　测色仪

调漆杯

六、教学组织

1. 教学组织形式

实训教师 1 名，学生 16 名，4 个工位。每个工位 4 名学生实训，一位学生操作、其他学生观察、记录。

2. 学生站位分工和要求

学生按规定的工位站立，按教师的指令进行独立的操作。

3. 实训教师职责

安排学生工位，讲解操作步骤和注意事项；下达"操作开始"口令；工位巡视（检查、指导和纠正错误）。

4. 学生职责

认真完成教师布置的任务；做好课后清洁、整理工作。

七、操作步骤

操作前准备

参训学生穿好喷漆服、安全鞋，将操作

时用到的材料与工具整齐的摆放在操作台上并以跨立的姿势等待老师下达"操作口令"。

> 提示

上实训课必须课前穿好实训服及安全鞋,做好操作前准备,有利于安全操作和提高工作效率。

步骤一 颜色获取

1 清洁目标板。

> 提示

(1)调色前必须清洁目标板,以还原颜色的真实度。

(2)实际调色时,遇漆面有老化现象时,须要对漆面进行抛光作业,恢复其原始颜色与光泽后再进行调色。

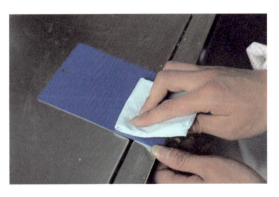

2 用测色仪进行检测。

> 提示

(1)根据测色仪的使用说明,先进行校准,后进行测色。

(2)在目标板上选取5个点进行测色,以提高颜色的准确度。

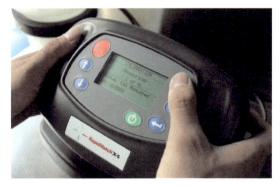

3 读取颜色信息。

> 提示

将测色仪连接计算机后,通过供应商的配方光盘,读取目标板的差异配方。

4 记录差异色配方。

> 提示

(1)选择颜色最接近(ΔE 值最小)的配方并作记录。

(2)配方如下: 8916　　50g
　　　　　　　　8985　　17.7g
　　　　　　　　8957　　12g

```
8902    8.2g
8920    2.6g
8991    2.3g
```

步骤二　根据配方倒漆

1 穿戴防护用品。

> 提示
>
> 技术标准与要求详见项目一。

5 准备色母。

> 提示
>
> 根据差异配方信息，找出色母。

2 将调漆杯放置电子秤上。

> 提示
>
> （1）注意电子秤平稳摆放。
> （2）保持电子秤清洁。

6 将色母整齐地摆放在调漆操作台上。

3 根据所查配方量将各色母倒入调漆杯中。

> 提示
>
> （1）倒漆前，须左右轻晃几下即可。
> （2）每次倒漆后需清洁浆盖嘴，以方便下次使用。

的颜色。

2　按规定比例倒入稀释剂。

4　用调漆尺将色漆搅拌均匀。

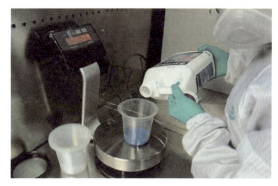

3　用调漆尺将底色漆搅拌均匀。

4　装上喷枪。

步骤三　喷涂配方试板

1　倒出适量的底色漆喷涂试板。

 提示

（1）由于水性漆干、湿颜色差异变化较大，故需喷涂试板进行比色。
（2）此板喷涂后便是测色仪所检测出

提示

喷涂水性漆时，请选用专用水性漆喷枪。

项目八　颜色的微调

5 调配适量的清漆。

> 提示
>
> 详见面漆喷涂作业中,清漆的调配。

6 将喷涂试板贴在底板上。

> 提示
>
> 水性漆用喷涂试板应使用喷涂环氧底漆、中涂底漆的铝板或防水卡纸(本操作使用的是防水卡纸)。

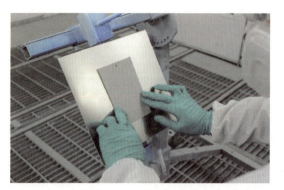

7 调整喷枪出漆量、喷幅、气压三个参数。

> 提示
>
> 各调整参数与修补喷涂时一致,详见项目六面漆喷涂时,喷枪的调节。

8 做喷幅测试。

9 喷涂试板:喷涂第一层底色漆。

> 提示
>
> 要求、方法与修补喷涂一致,详见面漆喷涂。

155

10 第一层底色漆喷涂后的效果。

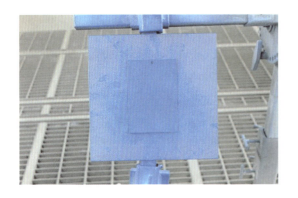

11 用吹风筒将底色漆吹干。

12 吹干后的效果。

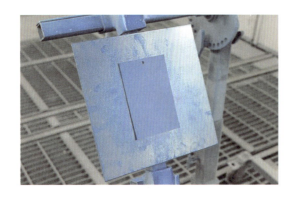

13 喷涂试板:喷涂第二层底色漆。

提示

要求、方法与修补喷涂一致,详见面漆喷涂。

14 第二层底色漆喷涂后的效果。

15 用吹风筒将底色漆吹干。

16 吹干后的效果。

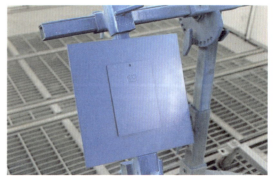

项目八　颜色的微调

17 喷涂效果层,重新调整喷枪。

> 提示
>
> 要求、方法与修补喷涂一致,详见项目六面漆喷涂。

18 喷涂试板:喷涂第三层(效果层)。

> 提示
>
> 要求、方法与修补喷涂一致,详见面漆喷涂。

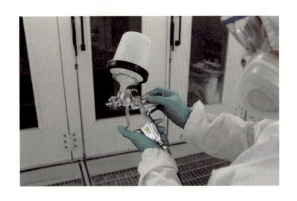

21 喷涂清漆。

> 提示
>
> (1)待底色漆完全闪干后,便可喷涂清漆。
> (2)要求、方法与修补喷涂一致,详见修补喷涂。

19 喷涂效果层后的效果。

20 喷涂清漆,调整喷枪。

> 提示
>
> 要求、方法与修补喷涂一致,详见修补喷涂。

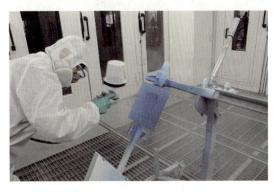

22 喷涂清漆后的效果。

23 取下差异色样板。

> **提示**
>
> （1）喷涂试板的底板尺寸不得小于 30cm×40cm。
>
> （2）喷涂试板所用的喷涂工具与修补时相同，这样可以避免因工具不同而造成颜色不一致。
>
> （3）喷涂试板的工艺、方法与修补时相同，这样可以避免由操作工艺不同而产生颜色不一致。金属漆干喷、湿喷容易造成颜色深、浅不一致。
>
> （4）将喷涂试板贴置于底板中间位置，喷涂整个底板，以底板中间试板的颜色进行比色，最为准确。

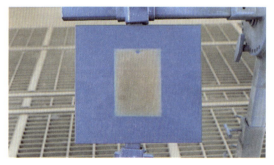

24 将喷涂后差异色板放置于干燥箱进行强制干燥。

步骤四　配方板与目标板颜色对比

1 待配方板干燥后，即可与目标板进行对比。

> **提示**
>
> （1）尽量在自然光的光线下进行比色。
>
> （2）如操作车间光线不佳，可到室外进行比色；如在室内，应背对光源，让光线照射在试板上进行比色。
>
> （3）比色时建议两块色板不要重叠，也不要分得太开，以免影响颜色观察。
>
> （4）对比两块色板时，要求观察距离、角度必须一致，以免角度、距离不一致导致影响判断。
>
> （5）金属漆在对色时需分别从正面、侧面观察差异板与标准板在色调、彩度、明度、金属颗粒上的变化。

项目八　颜色的微调

2 如室内与室外光线都不佳,可借助标准光源灯箱内 D65 光源进行对色。

> **提示**
>
> (1)本实操差异板与标准板比色后结果如下。
>
> 正面:
>
> 色调:目标板比配方板更蓝、更绿。
>
> 明度:目标板比配方板更深。
>
> 彩度:目标板比配方板更艳。
>
> 颗粒:目标板与配方板相似。
>
> 侧面:

色调:目标板比配方板更蓝、更绿。

明度:目标板比配方板更深。

彩度:目标板比配方板更艳。

颗粒:目标板与配方板相似。

(2)通过对比后发现,目标板与配方板在色调上变化较明显,故先调整色调,调整后再查看明度、彩度上的变化,再做调整。

色调方面分析:需添加蓝色色母,同时在添加蓝色色母后,在明度、彩度上都会有一定程度的变化,颗粒不变。

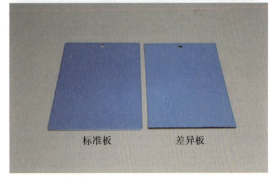

步骤五　颜色微调

1 查看色母挂图。

> **提示**
>
> (1)在进行微调前需充分利用涂料供应商提供的色母特性图,查看配方中各色母的属性。经查看配方中各色母特性如下:
>
> 8916:蓝色色母,正面偏紫,侧面偏绿;
>
> 8985:银粉,正面深,侧面浅;

8957：蓝色色母，正面偏绿，侧面偏绿；
8902：白色色母，正面暗，侧面浅；
8920：紫色，正面紫，侧面黄；
8991：空色剂，正面深，侧面浅。

注：正/侧面的变化通常指该色母添加到银粉漆或珍珠漆中，会使该银粉漆或珍珠漆在正、测面在色相、明度、彩度上发生的变化。

（2）通过步骤四对色分析，判定先添加蓝色色母。通过步骤二得知，在此配方中有两个蓝色色母，分别是8916、8957。再通过色母特性图查看两个色母在色环中的位置，确定添加8957。

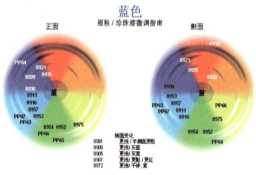

2 添加微调色母。

> 提示

（1）通过比色，确定标准板与差异板的差异，然后通过各色母的特性图，了解各个色母的特性，判定需添加色母8957。

（2）根据标准板与差异板的差异程度，预添加20%原配方中8957的量。

（3）尽量在配方内选择色母进行微调，以免出现条件等色。

3 记录添加量，以统计出微调后配方。

4 按比例添加稀释剂。

5 装上喷枪。

步骤六　颜色微调后再次喷涂试板

1 将喷涂试板贴在底板上。

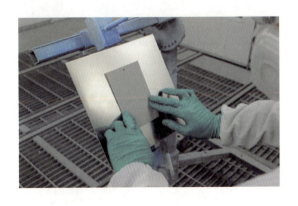

2 喷枪调整。

 提示

与步骤三相同。

3 颜色微调后再次喷涂试板。

 提示

与步骤三相同。

4 取下试板,放入干燥箱干燥。

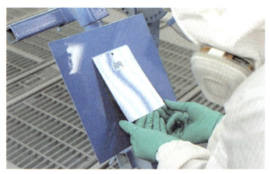

步骤七　微调后差异板与标准板对比

1 对比颜色微调后的差异板。

:exclamation: 提示

（1）对比时方法、要求与步骤四相同。

（2）对比颜色微调后的差异板与目标板，查看颜色微调后的板是否比未颜色微调的配方板更接近标准板。由于没有添加银粉，故在步骤四对色的基础上,不需要考虑银粉的颗粒,只需考虑色调、明度、彩度三个属性。

（3）通过对比发现,颜色微调后的差异板比未颜色微调的差异板更接近目标板,故可判定,添加 8975 是正确的。加入 8957 后,正/侧面观察,不仅在色调上变动更蓝、明度上有加深、彩度变得更艳。

（4）如发现在色调上接近后,在明度、彩度上还存在一定差异,那就要考虑添加银粉、黑色色母来调整深浅。

（5）重复步骤四～六直至颜色调整接近为止。

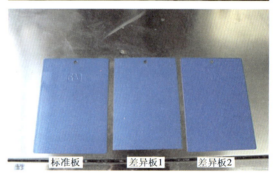

2 整理操作工位。

:exclamation: 提示

操作结束后,需及时清洁操作台面,以方便下位同学练习。

八、考核标准

调漆评分表(满分100分)

姓名_____ 完成时间_____

考核时间	序号	项目	配分	评分标准	得分
50min	1	安全防护	12	未穿工作服(喷漆服)扣2分	
				未穿安全鞋扣2分	
				未戴防毒口罩扣2分	
				未戴防护眼镜扣2分	
				未戴工作帽扣2分	
				未戴抗溶剂手套扣2分	
	2	调配过程	30	颜色索取不正确扣3分	
				计量色母不正确扣3分	
				电子秤操作结束后未及时关闭扣3分	
				水性漆进行干、湿对色;油性漆未打试板前进行干、湿对色扣3分	
				喷涂试板前未调整喷枪扣3分	
				喷涂试板方法不正确扣3分	
				未在干燥后进行对色扣3分	
				未在多种光源下进行对色扣3分	
				比色方法不正确扣3分	
				未记录添加到色母扣3分	
	3	调配后效果	60	色母选择不正确扣10分	
				样板缺陷扣10分	
				测色仪测 $\Delta E 2.0$ 以下扣5分	
				测色仪测 $\Delta E 2.0 \sim 4.0$ 扣15分	
				测色仪测 $\Delta E 4.0 \sim 6.0$ 扣25分	
				测色仪测 $\Delta E 6.0 \sim 8.0$ 扣35分	
				测色仪测 $\Delta E 8.0$ 以下扣40分	
	3	5S	8	调配完毕后,物品未复位、台面未清洁扣1~8分	
		分数合计	100		

项目九　补漆实例——后保险杠漆面修复

一、项目说明

1. 概述

随着汽车工业的不断发展，人们对汽车轻量化和环保性的要求越来越高，塑料件在汽车上的应用前景越来越广阔。近几年，随着我国汽车产量的进一步增长，2015 年我国汽车产量已突破 2400 万辆，汽车用塑料件将达到 360 万 t，平均在每辆轿车中的应用达 20%（质量比），约 150kg/辆。除常见的前、后保险杠为塑料件外，部分车型的翼子板甚至发动机罩均采用塑料材质。由此可见，在汽车涂装与修补行业中，对塑料件的喷涂与修补是必不可少的。本项目以日产天籁后保险杠为例进行塑料件补漆介绍。

在汽车上使用的塑料件一般分为两种类型：热塑性塑料与热固性塑料。

（1）热塑性塑料通常在常温下是固态的，加热后会软化、流动。冷却后又恢复到原先的状态，可以重复使用。通常在汽车上应用的有 ABS 塑料、PUR 聚氨酯塑料、PE 聚乙烯塑料等。

（2）热固性塑料加热后不会软化、不会液化。受热过度后会分解、变形。不能焊接，但可用其他方法修补。大多数热固性塑料是增强塑料，材料的缺口冲击强度不高。通常在汽车上应用的有 EP 环氧树脂塑料、TPUR 热固聚氨酯塑料等。

2. 塑料件底材涂装注意事项

（1）涂料的选择应符合塑料制品的特性和材质。

（2）在修补过程中在面漆或清漆内加入柔性添加剂。

（3）使用双组分中涂底漆，可提高漆膜的抗石击性能。

（4）在对玻璃纤维部件进行修补时必须特别注意，由于它比较疏松而多孔，打磨时要小心，不要磨穿表面的胶衣层，以防止喷涂时涂料的溶剂被吸收。

3. 汽车保险杠喷涂工艺

清洁全车、评估损伤、对保险杠周边板件对色区域进行抛光、调漆、底材处理、损伤修复、中涂底漆施工、面漆施工。

二、技术标准与要求

1. 防护用品穿戴正确；
2. 修补过程中使用塑料件清洁剂；
3. 修补过程中使用塑料原子灰；
4. 修补过程中，在清漆、中涂底漆中使用柔软添加剂；
5. 使用鹦鹉 55 系列底色漆，从鹦鹉官方网站（www.glasurit.com）查找"07 款

项目九　补漆实例——后保险杠漆面修复

天籁 2.3JK"汽车油漆配方,调配底色漆（比例为2:1）；

6.面漆前处理前采用全程干磨工艺,工艺流程规范；

7.安全操作。

原子灰

除油剂

三、实训时间

实训时间：约5h(不包括中涂、底色漆干燥时间)。

除油布　　　遮蔽纸

四、实训器材

菜瓜布　　　胶带

干磨机　　　烤房

刮刀、刮板

油漆

炭粉

抛光用品

空气压缩机

气枪

喷枪

防护用品

电子秤

烤灯　　　砂纸

五、操作步骤

操作前准备

将待修补的汽车停在指定区域。

> **提示**
>
> 将汽车停放在光线充足的区域，以方便施工。

步骤一　调　色

1 清洁修补区域。

> **提示**
>
> 确保待修补区域清晰可见，以便确定损伤范围，制订合理的维修方案。

2 对后翼子板进行抛光。

> **提示**
>
> 调色前先对修补区域相邻的板块进行抛光，以便准确地对色。

3 查找配方。

> **提示**
>
> 通过配方光盘或在线查色可查到任何一款汽车颜色的原厂配方。只要输入品牌、车型、出厂年份等。由于车辆生产批次不同，对于同一款车型，同一颜色有多个差异色。故找到的配方不一定是标准色，但可通过微调使其颜色与原车接近，再通过喷涂技术，使修补后的颜色与原车一致。

项目九 补漆实例——后保险杠漆面修复

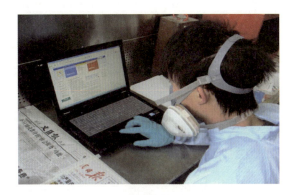

4 记录差异配方。

> **提示**
>
> 配方数据如下图所示(以1L为总质量)。

目标	1.00		ltr ○ kg
色母	用量	累计	单位
352-91	173.8	173.8	g
M919	26.2	200.0	g
E520	23.9	223.9	g
A929	344.1	567.9	g
A974	132.4	700.3	g
M0	71.8	772.1	g
A555	42.7	814.8	g
A353	37.4	852.1	g
M1	37.4	889.5	g
A427	32.2	921.7	g

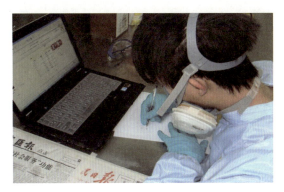

5 按配方将色母倒入调漆杯中。

> **提示**
>
> 由损伤范围预估色漆的质量只要0.2L

即可,将1L总质量换算成总质量为0.2L,如下图所示(0.2L为总质量)。

目标	0.2		ltr ○ kg
色母	用量	累计	单位
352-91	34.8	34.8	g
M919	5.2	40.0	g
E520	4.8	44.8	g
A929	68.8	113.6	g
A974	26.5	140.1	g
M0	14.4	154.4	g
A555	8.5	163.0	g
A353	7.5	170.4	g
M1	7.5	177.9	g
A427	6.4	184.3	g

6 搅拌色母。

> **提示**
>
> 用调漆尺将各色母充分混合均匀。

7 将少量调配好的油漆倒入另一个调漆杯中,用来喷涂试板。

8 按标准比例倒入稀释剂。

9 喷涂试板:喷涂底色漆。

> **提示**
> 操作过程详见项目八。

10 调配清漆。

11 喷涂清漆。

> **提示**
> 两道湿喷。

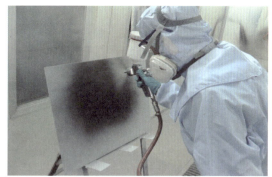

12 将试板放置烤箱烘烤。

13 对色。

> **提示**
> 多个角度观察颜色,如颜色与实车比较

项目九　补漆实例——后保险杠漆面修复

相近,即可喷涂。如发现有色差,则需要进行颜色微调,再喷涂试板,再进行颜色对比,直至颜色相近为止。具体颜色微调过程详解项目八。

步骤二　底材处理

1　对需打磨的部位进行除油,同时对损伤进行评估。

 提示

具体过程详解项目二。

2　粘胶带。

 提示

为了避免打磨到未损伤处的漆膜,可将损伤区相邻板块用胶带粘贴保护起来。

3　胶带贴护完毕。

 提示

由于胶带较薄,为保险起见,可以采用多层重叠贴护。

4　去除损伤涂层。

 提示

去除塑料件上的旧涂膜时,始磨砂纸可选择 P150,打磨时打磨头尽量放平即可。

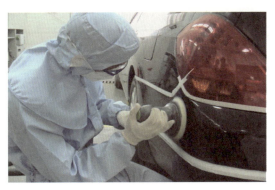

5 打磨羽状边。

> **提示**
> 详见项目二。

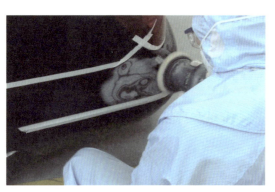

6 羽状边打磨完毕。

> **提示**
> 打磨后涂层过渡平滑、无台阶，磨毛区范围合理。

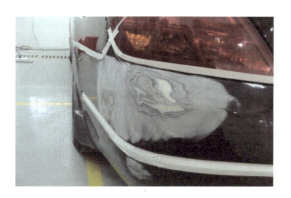

7 吹尘。

8 除油。

> **提示**
> 应使用塑料件除油剂，去除脱模剂。

步骤三　原子灰施工

1 原子灰刮涂。

> **提示**
> （1）应选用塑料原子灰。

项目九　补漆实例——后保险杠漆面修复

　　(2)对于有筋线的工件,刮涂原子灰时需要沿筋线的方向刮涂。筋线上、下两面分开刮涂,先刮涂一个面再刮涂另一个面。尽量将筋线刮直,方便打磨。

4 用 P120 砂纸整平原子灰。

> 提示
>
> 根据原子灰刮涂的厚薄,选择适当的砂纸进行打磨。本次我们采用 P120 砂纸进行粗打磨,打磨时不要施加太大的力,多用手感觉原子灰的平面度。注意打磨的范围,不要磨到原子灰以外的区域。不要刻意打磨筋线。

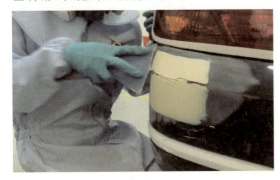

2 原子灰刮涂完毕。

> 提示
>
> 原子灰充分填充损伤区,边口薄、筋线平直。

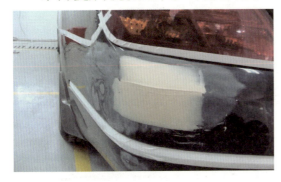

5 打磨原子灰。

> 提示
>
> 如本操作中打磨刮涂在筋线上的原子灰时,一般也是根据筋线上、下两个面分别打磨,先打磨一个面,再打磨另一个面。初学者也可以在筋线上粘胶带。如先打磨筋线上方,可以将胶带粘在筋线下方,打磨后相反操作即可。

3 烘烤原子灰。

> 提示
>
> 注意烤灯与原子灰的距离,操作者必须在旁边观察,时刻用手感觉工件表面的温度。防止温度过高而造成塑料件变形。

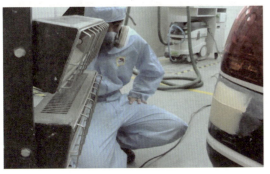

171

6 P120 粗磨后的原子灰。

> **提示**
>
> 打磨时筋线上、下打磨要配合得当,时刻关注筋线是否与未损伤处的筋线平齐。

7 用 P180 砂纸研磨原子灰。

> **提示**
>
> 打磨的方法与用 P120 砂纸打磨相同,力度不要太大。去除用 P120 砂纸打磨时留下的砂纸痕。

8 用 P180 砂纸研磨后的原子灰。

> **提示**
>
> 打磨时,当发现原子灰处筋线有点上移时,可以打磨筋线上方的原子灰使筋线下移至正确位置。当发现原子灰处筋线有点下移时,可以打磨筋线下方的原子灰使筋线上移至正确位置。

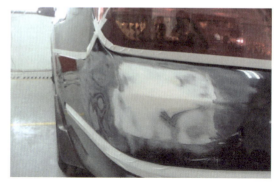

9 用 P240 砂纸细磨原子灰。

> **提示**
>
> 轻打磨,注意边口过渡是否平滑,去除上一道打磨时留下的砂纸痕。

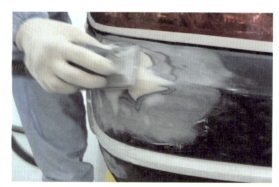

10 用 P240 砂纸细磨后的原子灰。

> **提示**
>
> 打磨后,过渡平滑无接口。

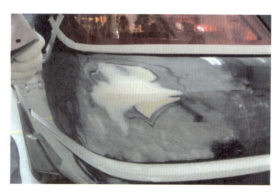

项目九 补漆实例——后保险杠漆面修复

11 用 P240 砂纸研磨原子灰处的筋线。

> **提示**
>
> 用手握砂纸轻轻打磨原子灰处的筋线，使原子灰处筋线弧度与未损伤区筋线一致，过渡自然。

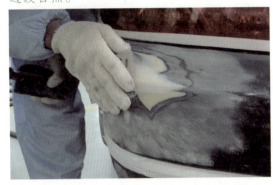

12 打磨整平后的原子灰。

13 打磨中涂底漆喷涂的区域。

> **提示**
>
> 7号打磨头配合 P320 砂纸打磨原子灰周围中涂底漆喷涂的区域，面积一定要大于中涂喷涂的范围。

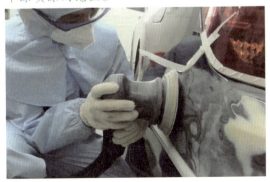

14 损伤处理完毕。

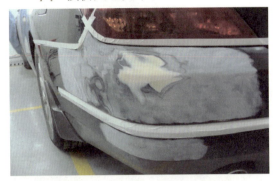

步骤四 中涂喷涂前遮蔽

1 吹尘。

> **提示**
>
> 可以配合无纺布，将工件擦得更干净。同时将遮蔽区清洁干净。

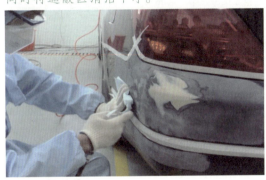

2 贴护。

> **提示**
>
> 需使用专用的遮壁纸，临界处可先用胶带粘贴，再将遮蔽纸粘在胶带上，可提高遮蔽效率。

173

3 喷涂区上半部分遮蔽完毕。

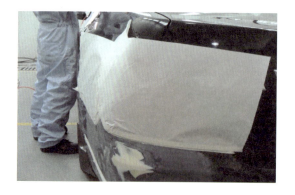

4 贴护喷涂区域的右方。

> **提示**
> 为避免喷涂后的底漆出现台阶,采用反向贴护的方法。

5 操作贴护喷涂区域的左方。

> **提示**
> 同样采用反向贴护的方法。

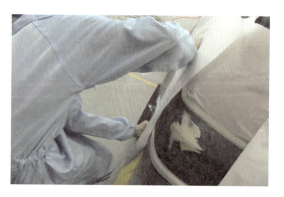

6 贴护喷涂区域下方。

7 遮蔽完毕。

> **提示**
> 当临界边缘都贴护完毕时,将其他的表面都贴护,防止喷涂时飞漆漆尘落在完好漆面上。

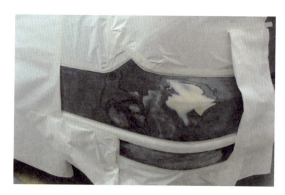

步骤五　中涂底漆施工

1 除油。

项目九　补漆实例——后保险杠漆面修复

2 调配中涂底漆。

3 粘尘。

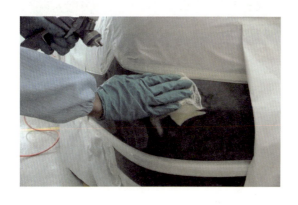

4 喷涂第一层中涂底漆。

> 💡 **提示**
>
> 喷涂时，中涂底漆中需添加柔软剂，其添加的比例可根据各个产品的使用说明。

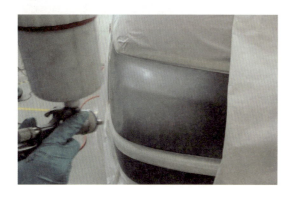

5 第一层中涂底漆喷涂完毕。

> 💡 **提示**
>
> 第一层中涂底漆要喷得薄一些，起到屏蔽涂层的作用，喷涂后隐约可见到底材。喷涂时，中指不要将扳机扣到底，采用干喷的方法。

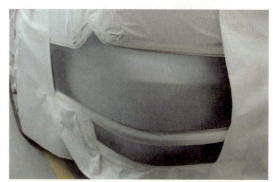

6 喷涂第二层中涂底漆。

> 💡 **提示**
>
> 待第一层中涂底漆喷涂充分闪干时（漆面无光），可喷涂第二层中途底漆，漆喷涂面积大于前一层。

7 第二层中涂底漆喷涂完毕。

> 💡 **提示**
>
> 第二层中涂底漆要湿喷，起到填充的作用，但要避免流挂。

8 喷涂第三层中涂底漆。

> !提示
>
> 待第二层中涂底漆静置闪干后(漆面直至无光),可喷涂第三层中涂底漆。喷涂面积大于上一层。

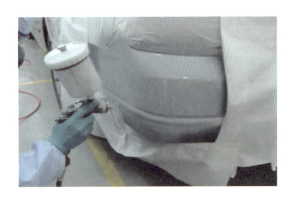

9 第三道中涂底漆喷涂完毕。

> !提示
>
> 第三层中涂底漆也要湿喷,也起到填充的作用。

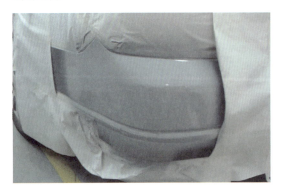

10 烘烤中涂底漆。

> !提示
>
> 注意烤灯与工件的距离,操作者应时刻注意工件表面的温度,防止温度过高而工件变形。

11 抹涂炭粉。

> !提示
>
> 待中涂底漆充分干燥后方可打磨。一般在短波红外线烤灯烘烤下,20min 即可打磨。

12 用手刨整平原子灰刮涂部位的中涂底漆。

> !提示
>
> 可先用手刨配合 P320 砂纸打磨原子灰

项目九　补漆实例——后保险杠漆面修复

刮涂部位,特别是原子灰与旧漆膜过渡的部位,可起到平整的作用。

15 操作者机磨中涂底漆。

> **提示**
> 打磨时尽量将打磨头放平,用力均匀。直至将中涂底漆打磨光滑、无橘纹。

13 整平打磨结束。

16 机磨中涂底漆。

14 机磨中涂底漆。

> **提示**
> 3号打磨头配合P500砂纸打磨中涂底漆。

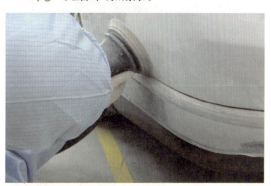

17 打磨中涂底漆。

> **提示**
> 对于边角和打磨头难以打磨到的区域可用手工轻轻打磨,不可用力打磨,防止磨穿中涂底漆。

18 打磨面漆喷涂区域。

> **提示**
>
> 3号打磨头配合1000号精磨砂棉打磨面漆喷涂的区域。打磨时需在精磨砂棉和打磨区域上喷涂适量的水,同时关闭打磨机的吸尘功能。将面漆喷涂区域打磨成哑光状。

19 清洁。

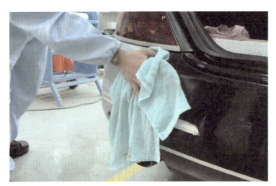

20 面漆前处理后表面。

> **提示**
>
> 打磨后整个表面应光滑、平整、无橘纹。

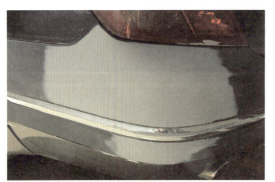

步骤六　面漆施工

1 将汽车开入烤房。

2 贴护。

3 喷涂前贴护。

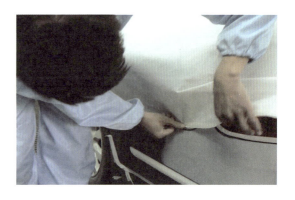

4 喷涂前贴护。

5 贴护完毕。

6 贴护完毕。

7 喷涂前除油。

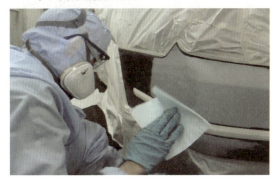

8 该区域为底色漆喷涂区域。

9 该区域为底色漆过渡区域。

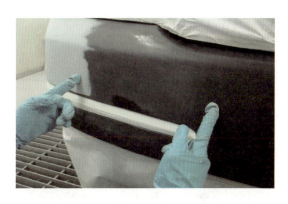

10 粘尘。

11 喷涂底色漆。

> **提示**
>
> 调整好出漆量、喷幅、气压后喷涂第一层底色漆。

12 第一层底色漆喷涂完毕。

> **提示**
>
> 第一层底色漆喷涂在中涂范围内、薄喷。枪距 10～15cm、喷幅全开、气压 180～200kPa。假如面漆遮盖力低,可降低喷涂气压遮盖中涂区域。

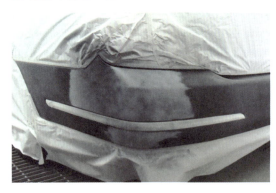

13 喷涂第二层底色漆。

> **提示**
>
> 待第一层底色漆自然闪干后喷涂第二层底色漆。

14 第二层底色漆喷涂完毕。

> **提示**
>
> 第二层底色漆喷涂范围应大于第一层底色漆喷涂范围,湿喷。枪距为 10～15cm、喷幅全开、气压 180～200kPa 底色漆过渡区域采用弧形喷涂方法、渐进过渡。

15 喷涂第三层底色漆。

> **提示**
>
> 待第二层底色漆自然闪干后喷涂第三层底色漆。

16 第三层底色漆喷涂完毕。

> **提示**
>
> 第三层底色漆为效果层,枪距拉远至 25～35cm、喷幅全开、气压 180～200kPa。

项目九 补漆实例——后保险杠漆面修复

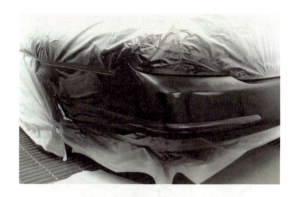

17 底色漆喷涂完毕。

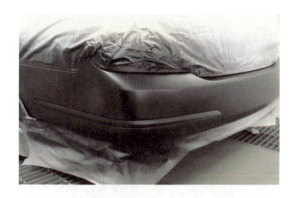

18 喷涂清漆。

> **提示**
>
> 待底色漆完全闪干后,可喷涂清漆。

19 第一层清漆喷涂完毕。

> **提示**
>
> 第一层清漆只喷涂在底色漆喷涂的区域,将底色漆完全遮盖。

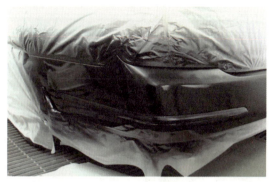

20 操作者喷涂第二层清漆。

> **提示**
>
> 待第一层清漆闪干 5~10min 后,喷涂第二层清漆。该层清漆需完全盖过第一层清漆并喷涂整个工件。

21 喷涂第二层清漆。

181

22 喷涂第二层清漆。

24 损伤部位修补后的效果。

25 损伤部位修补后的效果。

> 提示
>
> 待漆面烤干即可。整个修复工艺结束。

23 清漆喷涂完毕。

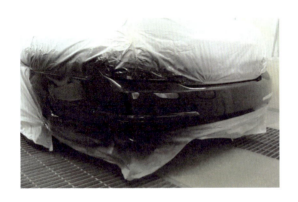